EXISTE
OTRA
MANERA

Javier Gómez Marrero

i

Existe Otra Manera: El camino que lleva a la vida no se nos pudo ocurrir a nosotros, y esas son buenas noticias para todos.

Publicado por: Javier Gómez Marrero

Correctora y consultora de comunicación: Georgina (Gina) Delucca

Diseño de la portada: Valerie Carlo Pérez

Ilustraciones: Johel J. Gómez González

Consultora artística: Mariel González Mercado

Fotografía del autor: Evelyn González Mercado

Consultor general: Samuel J. Gómez González

Patrocinador: Kelvin J. Gómez González

Asesor legal de la marca: Javier A. Gómez González

Reseñas

"Existe otra manera" integra un análisis teológico sólido con la realidad cotidiana, ofreciendo respuestas bíblicas prácticas a las luchas humanas comunes, como el miedo, la ansiedad y la búsqueda de identidad. El autor aborda temas contemporáneos como el cansancio emocional, la sobrecarga de información y la desconexión espiritual, en la medida en que nos invita a caminar con el Verdadero Jesús. Cada capítulo está diseñado para llevar al lector a una introspección personal y a una renovación espiritual, que se centra en la mejor noticia de todos los tiempos.

Dr. Rafael Candelaria, Presidente
Seminario Teológico de Puerto Rico

De una manera precisa y clara mi amigo y Pastor Javier Gómez nos invita a caminar de una forma radicalmente diferente. Es posible enfrentar la complejidad de la vida y crecer en el proceso porque Dios se especializa en redimir el sufrimiento. Un libro que pastorea el alma con una perspectiva desafiante y práctica, centrada en el Evangelio, que consigue discernir los enormes desafíos contemporáneos. Gracias por invitarnos a encontrarnos con la gente en el mundo real donde Dios se glorifica cuando decidimos confiar en Él, en vez de en nosotros mismos. Definitivamente, existe otra manera…

Dr. Nando Steidel
Pastor Iglesia Catacumba de Cayey
Presidente Junta Directiva de las Catacumbas P.R.

Esta cautivadora obra nos invita a reconocer, y a trascender, las injustas expectativas sociales que, independientemente de la época, nutren la tortuosa vida fuera del paraíso, promoviéndolas y normalizándolas. El Dr. Javier Gómez, nos presenta la grandeza del Evangelio de la Gracia devolviéndonos así la bendita esperanza de una fe que redime el sufrimiento. Y en el entretanto del "ya pero todavía no", nos desafía a seguir confiando en el Señor para poder vivir así una verdadera espiritualidad. Espero que esta lectura sea de tanta bendición para ti como ciertamente lo ha sido para mí.

Rev. Iván De la Torre, Superintendente
Distrito PR Asambleas de Dios USA

Aprender a contemplar la suficiencia del Evangelio de Jesús para nuestro día a día, no podría ser más urgente (ni más relevante). Entre paradigmas que compiten, el Pastor Javier Gómez Marrero exalta a Jesús y Su Buena Noticia como la única forma de ser verdaderamente lo que fuimos creados para ser. En estas cálidas páginas, hallarás una invitación llena de gracia y compasión, escrita por alguien que, por el poder del Espíritu y en los méritos de Jesús, ha recorrido algo del camino y te invita a descubrir cómo vivir hoy un adelanto del cielo.

Rev. Gabriela Martínez Seda, Evangelista
Alianza Cristiana y Misionera – PR

En estas páginas el pastor Javier Gómez comparte su corazón y nos confronta con la realidad de que sobrevivir en este mundo no es lo mismo que florecer. A su vez nos invita a un proceso de formación al abrir nuestro corazón y poner nuestra confianza en Aquel con quien únicamente es posible tener una vida plena, resaltando la suficiencia de Cristo y el inagotable tesoro que es su Evangelio. Considero que este libro es un regalo de Dios para todos aquellos que, como yo, nos hemos sentido que estamos sobreviviendo, pero anhelamos florecer para la gloria de Dios.

Rev. José Ahmed Pérez
Pastor Catedral de La Esperanza

Vivir a plenitud fundamentado en la opinión e identidad que nos otorga nuestro Dios, es realmente liberador. "Existe otra manera" es la invitación a confrontarnos con nuestro "Yo" e iniciar el proceso de identificar áreas que necesitan ser atendidas y rendidas a los pies de Cristo para entonces poder retomar el caminar diseñado por Dios en libertad, confiando plenamente en Él, por quien es Él. ¡Disfruta el escuchar la voz del Señor a través de esta obra!

Zahydée M. Guzmán, Ed. D(c).
Directora Ministerio Pacificación Bíblica
Alianza Cristiana y Misionera – PR

Como colega y amigo, aprecio las palabras pausadas y llenas de verdad de Javier. Nadie cree una mentira a sabiendas, por lo que desenmascararlas se hace imperativo. Así que no lea este libro a la carrera, ya que podría perderse la preciosa oportunidad de conocer la verdad acerca de su significativo valor y su genuina identidad en Cristo. Puedo testificar que Javier no solo está escribiendo sobre una teoría, sino más bien sobre una libertad que ha experimentado personalmente. Creo firmemente que la lectura de este libro resultará en una experiencia devocional, liberadora y refrescante.

Rev. Timoteo Wendel
Director Misiones para América Latina, La Alianza

La mejor definición de la profecía es que es una lectura del mundo, del estado de este, desde la perspectiva divina. Conlleva tanto una claridad anclada en la verdad de Dios, como una comprensión del mundo y su orden actual. El Dr. Gómez logra diagnosticar al mundo contemporáneo con los pesares que afectan al ser humano de hoy, y prescribirles la verdad de Dios, el Evangelio. En este sentido, este libro representa aquello a lo que la iglesia está llamada a ser, una comunidad profética que discierne los tiempos y aplica el Evangelio. El Evangelio es entonces tanto el marco correcto para interpretar el mundo, para diagnosticarlo, como la prescripción para atender ese mal. Al acercarte a estas páginas podrás ver áreas en las que has sido de-formado por el mundo y, con el favor de Dios, comenzar a experimentar la otra manera de vivir que nos ofrece Cristo en su Evangelio mientras somos re-formados por su Santo Espíritu.

Dr. Ramón M. Meléndez Morales

Pastor Titular Iglesia Alianza CD

Secretario Ejecutivo Alianza Cristiana y Misionera – PR

Agradecimientos

¿Cómo podría jamás hacerle justicia al inmenso número de personas que han contribuido a mi formación, incluyendo aquellos que ni siquiera sabían que eso era precisamente lo que hacían? Así que, a todas ellas, muchas gracias, pues todas tuvieron algo que ver con que pudiera escribir lo que a continuación comparto. Un agradecimiento especial va también a todos aquellos que me animaron a escribir: mi esposa, mis hijos, mi familia de origen y la extendida, mis estudiantes del seminario (STDPR), y mi familia aliancista en el Distrito de Puerto Rico. La ACM La Cumbre ocupa un lugar especial en mi corazón pues además de ser la iglesia donde más años he tenido el privilegio de servir (22), se convirtió en mi familia. Amada iglesia ustedes me enseñaron más de lo que jamás pude enseñarles. Vaya mi agradecimiento también hacia quienes leyeron el manuscrito de esta obra y lo mejoraron sustancialmente: Ramón Meléndez, Dinorah González, Gabriela Martínez, y Gina Delluca. Igualmente agradezco a mi cuñada Mariel González (y a mi concuñado William) por permitirme tener significativos tiempos de retiro una vez al año en su acogedor hogar). Valerie y Johel, les agradezco tanto el diseño de portada e ilustraciones. Mi más profundo agradecimiento es para mi amada esposa Evelyn González Mercado. Mi amor, gracias por tu apoyo incondicional, así como por tu atinado y amoroso consejo mientras Dios escribía esta obra en nuestras vidas y corazones, mucho antes de que yo lo hiciera en el papel.

Dedicatoria

Dedico esta obra a mis amados padres Miguel Ángel Gómez Rodríguez y Aida Luz Marrero Serrano, a quienes extraño cada día pues ya moran en la presencia del Señor. La dedico también a mis hermanos Miguelón y Carlos; a mi esposa Evelyn; a mis hijos Javier, Kelvin, Samuel, y Johel; y a mis nueras Gabriela y Valerie. Pero en especial se la quiero dedicar a mis bellos nietos Noah y Timoteo, y a esos otros hermosos nietos (y nietas) que por la Gracia de Dios anticipo que oportunamente me nacerán.

Una invitación personal

En una de las películas dirigidas por Peter Jackson basadas en la maravillosa obra de J.R.R. Tolkien, la escena que más me conmueve aparece en la primera entrega de la trilogía El Hobbit. En esta, Gandalf, el mago gris, invita al Hobbit, Bilbo Bolsón, a tomar parte en la que llegaría a ser la aventura de su vida. Ambos están sentados en la acogedora sala de la residencia de Bilbo, cuando Gandalf intenta convencerlo de ir, diciéndole que, "al regresar de su propia aventura seguramente tendrá más de una historia que contar." A lo que Bilbo reacciona preguntando, "¿puedes asegurarme que volveré de esta aventura?" "La verdad es que no", le dijo Gandalf, "y si vuelves, no serás la misma persona."

Quiero invitarte a leer las siguientes páginas haciendo mías las palabras de Gandalf. Deseando que al filo de tu propia aventura llegues a experimentar el mismo grado de transformación.

A LA GLORIA DE DIOS

TABLA DE CONTENIDO

Prólogo

Cuando aceptó su rol actual, supervisando las iglesias de nuestra denominación en la hermosa isla de Puerto Rico, mi hermano, el Dr. Javier Gómez Marrero, no tenía forma de saber que en los próximos años sus desafíos de liderazgo incluirían huracanes, terremotos, crisis financieras y una pandemia mundial. No solo su liderazgo se ha visto desafiado, sino que su alma se ha expandido.

Este servidor estaba programado para predicar en Puerto Rico la semana en que estalló el brote de COVID-19. Javier y yo acordamos que era en el mejor interés de todos cancelar el evento. En cambio, unos meses más tarde, mientras la pandemia continuaba, le pedí a Javier que hablara a nuestro personal para un servicio de capilla en línea. Tenía mucha sabiduría que compartir con nosotros proveniente de un espíritu generoso. Lo más memorable para mí fue su declaración: "Los líderes que lideran desde el miedo toman malas decisiones".

Al escribir su primer libro, el Dr. Gómez ha seguido su propio consejo, al mirar valientemente en lo profundo de su propia alma, ayudándonos a hacer lo mismo. Con una penetrante visión, tanto de la condición humana como de las Sagradas Escrituras, el autor nos fortalece con la esperanza de que se puede escribir una mejor historia en nuestras propias vidas. Las características que aplastan el espíritu de un mundo roto, presionadas por el molde de creencias comúnmente sostenidas, no necesitan mantenernos dominados. En vez de eso, estos capítulos proveen ideas y caminos para recuperar nuestra verdadera humanidad.

Las páginas de este libro surgen como una alfombra de bienvenida, invitándonos a rechazar las etiquetas que han sido impuestas sobre nosotros, y en su lugar tomar la identidad que el Padre Celestial desea otorgarnos. Aceptar esta invitación nos libera de la opresiva carga de definirnos a nosotros mismos. Años de cuidadosa reflexión acerca de las verdades de la Santa Palabra de Dios, combinadas con la sabiduría que proviene de vivir un liderazgo espiritual en el calor de la vida real y, en medio del mundo real, se han fusionado en las palabras que estás a punto de leer. Entra y deja que tu alma sea enriquecida.

Dr. John Stumbo, Duodécimo presidente
La Alianza Cristiana y Misionera en los EE. UU.

Introducción

Almas cansadas

"Eres un alma hecha por Dios, para Dios… eso significa
que no fuiste hecho para ser autosuficiente".

— Dallas Willard
Filósofo y autor estadounidense
1935-2013

El domingo 2 de febrero del corriente, Evelyn y yo alcanzamos la significativa cifra de 34 años de casados. Si bien es cierto que casarte con el amor de tu vida puede hacer que el tiempo parezca pasar volando, tres décadas y media son muchísimos años. Por lo que, aparte de Dios, nadie me conoce tanto como mi mejor amiga y esposa. Evelyn podría confirmarte entonces fácilmente que lleva casi todo ese tiempo escuchándome decir una frase que muy bien podría describir precisamente la mayor parte de mi vida. Y esa insistente frase es: Tengo que. "Tengo que llenar ese informe". "Tengo que atender ese problema". "Tengo que cuadrar ese presupuesto". "Tengo que asistir a esa reunión". "Tengo que conseguir un pastor para esa iglesia". "Tengo que ayudar a esa junta de gobierno". Ah, y "tengo que terminar de escribir este libro".

Mi experiencia, luego de casi 57 vueltas al sol, me dice que todos hacemos lo mismo. Incluida la persona leyendo esta oración (si es que ese tengo que rebotando en tu cabeza te permite terminar de leerla). Todos suponemos estar apenas a un tengo que adicional de "lograrlo", como sea que hayamos definido eso. Solo para inmediatamente descubrir que tras ese tengo que, siempre hay otro, y luego otro y otro y otro.

La idea de que nuestro desempeño determina nuestro valor y nuestra noción de seguridad impregna de tal modo nuestro ser, que afecta cada aspecto de nuestra vida. Esto comienza a ocurrirnos desde tan temprano como nuestros días de cuna. Viéndonos así continuamente expuestos al más severo de los escrutinios, incluyendo el nuestro. Y es que, hasta tu propio funeral será evaluado. Afortunadamente, esa última crítica no la escucharás.

Cuando mi primer nieto nació, no habían pasado tres horas, cuando ya le estaban informando a mi nuera que el pequeño Noah había sacado una buena calificación en su primera prueba neonatal. Tras enterarnos, bromeamos un poco al respecto, pero inmediatamente me puse muy serio. Luego hubo un momento de silencio, y estando justo al lado de su cuna, le aseguramos a Noah que lo liberábamos de la presión brutal de tener que basar toda su vida en sus calificaciones. Y que nuestro amor no dependería nunca de su desempeño. Solo espero que Dios nos ayude a cumplir esa promesa.

Ya habrás podido notar que la justificación por el buen desempeño o buenas obras no pertenece exclusivamente al ámbito religioso. De paso, ambas esferas (la secular y la religiosa) están irremediablemente entrelazadas. Especialmente al

2

ambas procurar responder a la continua preocupación humana acerca de cómo ser feliz.

Existen muy buenas razones para pensar que la justificación por desempeño ya sea su versión secular o la religiosa, no es la mejor manera de vivir, y menos aún de florecer. Medir la vida a base del desempeño redundará en la más injusta y agotadora manipulación constante de la imagen, y en su correspondiente control de daños. Y la decepción necesariamente será siempre la norma. Así que, al no vislumbrar alguna otra manera de medir la vida, tarde o temprano aprenderemos a resignarnos.

Hace 20 años tuve el privilegio de visitar a la hermosa nación de Nicaragua, país con el que Puerto Rico comparte la valiosa historia de sacrificio de nuestro inmortal Roberto Clemente. Este astro del beisbol, en la víspera del año nuevo 1973 sufrió un mortal accidente aéreo mientras se dirigía a Nicaragua con ayuda humanitaria para los supervivientes de un terrible terremoto.

Nunca olvidaré mi viaje a Nicaragua, pues 30 años después del accidente de Clemente, ellos seguían recordando aquel sacrificio y agradeciéndomelo en nombre de su amado pueblo. Nuestra gente llevó ropa, libros y calzado deportivo a varias comunidades que harían buen uso de ello. Una de esas comunidades vivía en una montaña que servía como vertedero de la ciudad aledaña. Sin embargo, allí vivían familias enteras.

Al llegar al lugar, la primera persona que saludé se mostró aprehensiva y dudosa. Era un hombre de unos 30 años. Me preguntó qué hacía allí, mientras caminaba amenazante hacia mí, con un pedazo de madera en sus manos. Una vez que mis acompañantes le informaron que no lo usaríamos para ninguna clase de propaganda filantrópica, y habiendo él reconocido a uno de los nuestros, su porte cambió.

Enseguida, mi amable anfitrión quiso mostrarme dónde trabajaba. Nos movimos unos seis metros hacia el oeste, y señalando hacia una montaña de basura me dijo: "Allí es adonde trabajo. ¿Quieres conocer a mi familia?", me preguntó. "Será un placer", le respondí. Enseguida me condujo otros 6 o 7 metros hacia el sur, y deteniéndose frente a otro bulto de basura me dejó saber que habíamos llegado a su casa. Entonces, cuando un pequeño de unos tres años corrió hacia nosotros de entre un montón de latas vacías, el hombre me dijo: "Te presento a mi hijo, ah, y tras de él se aproxima mi esposa". En eso llegó la mamá del niño para tomarlo en sus brazos. Vivían entre montones de basura. Pero lo que más me sorprendía de todo aquello, era que ellos podían distinguir entre un montón de basura y el otro. Porque uno sería su casa, otro la del vecino, y otro su trabajo.

Pasaron varias cosas hermosas a partir de esa visita, pues Dios nos regaló allí lindas experiencias. Pero la menciono porque quiero compartirte lo que me dije a mí mismo esa mañana. "Javier, ese joven padre eres tú. Y así es toda la humanidad. Vivimos entre montones de basura, y no alcanzamos a ver que eso es justo lo que hacemos, al no tener otra referencia que montones de basura". Peleamos por basura. Añoramos otras basuras. Y nos mudamos de un montón de basura al otro, sin poder concebirnos jamás viviendo fuera del vertedero. Pero ¿cómo podría cualquiera concebir algo así, sin haber avistado gloria alguna que le pudiera servir de referencia?

PERDIMOS EL RUMBO

Nada podría describir mejor lo que observamos en el mundo y en nosotros, que aquella expresión utilizada por Jesús al describir nuestra condición: "Perdidos".[1] No sabemos de dónde venimos, no sabemos para qué estamos aquí, no sabemos hacia dónde vamos y mucho menos quiénes somos. Pero tampoco queremos detenernos en el camino para pedir direcciones. Somos demasiado orgullosos para eso. Y, sin embargo, el evidente deseo de muchos por ver que las cosas cambien, apunta a que el propio mundo ha reconocido ya haber perdido el rumbo. Nuestras diferencias no estriban entonces en admitir que exista un problema, sino en cuál consideraríamos que podría ser el mejor remedio. Tensa dinámica que terminará creándonos otros problemas, ya que todos procuran defender su particular diagnóstico, y sus múltiples soluciones. Así que, si los problemas del mundo son abrumadores, qué pasará cuando les sumas el caudal de problemas locales sin resolver, incluyendo aquellos a nivel hogareño.

Y ¿sabes qué?, independientemente del grado de dificultad del problema que esté frente a nosotros, al final del día, pretenderemos atenderlo a nuestra manera. O al menos a la manera en que nuestras respectivas culturas entiendan mejor atenderlo; según su, así llamado, sentido común. Por eso, cuando alguien se interpone entre mi problema, y mi particular solución para este, rara vez resultará en la mejor versión de mí mismo.

---

[1]   Lucas 19:10 NTV

SOLO UNA COSA ES NECESARIA

La fuerte reprimenda de Marta a su distinguido invitado Jesús, parecería confirmar lo anterior: "Maestro, ¿no te parece injusto que mi hermana (María de Betania) esté aquí sentada mientras yo hago todo el trabajo? ¡Dile que me ayude!"[2] Pero la inesperada respuesta de Jesús cambiaría la perspectiva, y la vida, de Marta para siempre: "Marta, Marta[3], afanada y turbada estás con muchas cosas, pero solo una es necesaria. María la ha descubierto, y nadie se la quitará".[4]

Hay tantas implicaciones aquí que me veo tentado a tomar muchas direcciones. Pero trataré de limitarme a mirar aquella que, según me parece, consigue agruparlas. Jesús no parece estar diciendo que haya solo una necesidad. Lo que sí creo que él está diciendo es que existe solo una necesidad esencial. Una necesidad tan significativa que terminará impactando a todas las demás. Tener acceso a esa vida en Dios, con Dios, y para Dios que está supuesta a definir toda nuestra existencia, haciéndola no solo posible, sino especialmente significativa y plena de gozo.

La buena noticia es que, por medio de Jesús, Dios ha hecho algo maravilloso acerca de eso. Invitándonos a regresar a su otrora inaccesible reino, que ahora se nos ha hecho cercano.[5] Y también a descubrir, igual que lo hiciera María de

---

Betania, que en vez de vivir tratando de llenar por mí mismo toda mi sed y vacío existencial — con miles y miles de tengo que — ahora solo tengo que Jesús.

LA MANERA DE JESÚS

La oración de Marta, y la de María, están por ende a mundos de diferencia. Y por si no lo habías notado, ambas mujeres están orando. Pero obviamente, orar no es suficiente; y orar más, tampoco lo es. Hace falta también — orar mejor. Y la mejor oración no es la que le dice a Jesús, qué hacer. La mejor oración es la que en silencio busca escuchar cada palabra que sale de Jesús. Hay oraciones que, gracias a Dios, Jesús jamás contestará, como, por ejemplo, la oración de Marta.

Llena de afán, Marta intenta controlar a Jesús. ¡Tenía miedo! Y es que el miedo siempre nos grita para que, a como sea, procuremos tener lo que suponemos necesitar. Si ese miedo llega a controlarte, difícilmente podrás escuchar otra cosa. El afán de Marta posee tales decibeles que se traduce en demandas hacia el propio Jesús. Y así, su oración termina siendo acerca de lo que incluso Jesús, tiene que, hacer.

Pero eso no es orar. Orar consiste esencialmente de escuchar, y de obedecer, a Dios. ¿Quieres saber cuál es el secreto para que Dios te hable? Estar escuchando. Pero decirlo es más fácil que hacerlo, ya que nuestra ruidosa sensación interna de escasez no nos deja concentrarnos. Por eso, no hemos comenzado bien a orar cuando la mente ya divaga buscando atender el infinito déficit que a menudo caracteriza a nuestro inquieto mundo interior.

7

Sugiero que la próxima vez que procures orar, en vez de luchar con el ruido interno como con una interrupción, indagues sobre la verdadera razón de este. Podrías preguntarte algo como, ¿qué cosa creo necesitar que, gracias a Jesús, ya no necesito? En mi caso suele tratarse de que debo hacer algo inmediatamente, o resolver algo que supuestamente está a mi cargo. Ruidosos pensamientos que me impiden estar en el momento presente. Apurándome, preocupándome, y anticipándome al futuro. Por lo que he aprendido a decirme cosas como, "ya no estoy a cargo de nada, Jesús está a cargo. Puedo estar aquí ahora, porque Dios ya se está ocupando de todo". Y así, al aplicarle el Evangelio a mi afán se va disipando el ruido, y nuevamente consigo orar.

La justificación por desempeño de ninguna manera aplaca nuestro miedo, más bien lo exacerba. Porque esa vieja vara de medición con la que nos evaluamos unos a otros es imposible de salvar, humanamente hablando. Condenándonos a un ciclo de vergüenza que, al seguir quedándonos cortos, irá siempre de mal en peor. Por lo que nos esconderemos unos de otros, y aún de nosotros mismos. Imagínate entonces cuánto más procuraremos escondernos también de Dios. Una verdadera solución sería que el alma descanse de la imposible tarea de justificarse a sí misma, dejándole así tan pesada carga al único capaz de llevarla. Entonces ya no nos sentiríamos tan cansados.

Somos personas con el alma cansada. Es más, sospecho que, si todos llegáramos a vivir lo suficiente, entonces la prevalencia del síndrome de quemazón sería del 100%. Lo que nos diferencia ahora mismo no es cuántos estamos cansados, sino cuán cansados estamos. ¿Te identificas? ¿Cómo está tu alma? ¿Apreciaría esta un poco de ese restaurador silencio que solo se consigue con el cese de nuestro virulento miedo? Permítete entonces confiarle a Jesús cuanta herida, culpa, vergüenza y decisión, has intentado manejar por tu propia cuenta, hasta ahora. Esa fe, depositada momento a momento exclusivamente en Jesús, lo cambia todo.

Fue a raíz precisamente de dicha confianza en Jesús, que María de Betania pudo comenzar a decirse a sí misma cosas totalmente diferentes. Abrazando así otra manera de vivir. Comenzando con aprender a decirse cosas como: "Ya no tengo que estar a cargo de todo". "Ya no tengo que hacer tres cosas a la vez, haré solamente una". "Ya no tengo que ser perfecta, puedo equivocarme". "Ya no tengo que complacer a todos, está bien decir: No". "Tampoco tengo que saberlo todo, puedo decir: No sé". "El juicio de otro ya no me define, Jesús lo hace". "Solo una cosa es necesaria – confiar en Él".

AHORA SOLO "TENGO QUE" JESÚS

Abrogarse la prerrogativa de actuar en lugar de Dios nos exacerba y nos genera ansiedad. No estamos supuestos a vivir así. Nuestro apuro les hace violencia a nuestros múltiples límites, y por ende a nuestra propia humanidad. Ese perenne apuro puede provocar que, en cualquier momento dado, nuestras necesidades (percibidas o reales) compitan entre sí por acaparar nuestra atención. Pues en lograr la satisfacción de todas esas necesidades es que estribaría precisamente la paz que lógicamente sigue esquivándonos. Pero, aunque parezca demasiado bueno como para ser cierto, a raíz de la obra de Jesús, solo una cosa es realmente necesaria. Y ahora solo tenemos que...solo tengo que...Jesús.

Ahora toda otra aparente prioridad puede pasar a ocupar el lugar secundario, terciario, cuaternario, o quinario que le corresponde. Porque todo lo que era necesario para mi paz, ha sido hecho de una vez y por todas por el único capaz de hacerlo — Jesús. Por eso, ahora solo tengo que Jesús.

Solo una cosa es necesaria. Y ya que la he descubierto, nadie me la quitará. Aunque este mundo nunca cejará en su empeño de querer quitármela. Por eso no debo tomar la sencillez del Evangelio por lo que no es, pues aprender esa otra manera de ser humanos es toda una contracultura. Estamos ante algo radicalmente distinto a todo lo que estamos acostumbrados. Por eso deseo invitarte a que explores más de cerca la única manera de ser humanos que finalmente se alinea con la realidad que está ahí. Esa única manera de existir que realmente conseguirá hacerte florecer. Y créeme cuando te digo que tu cansada alma te estará profundamente agradecida por ello.

PRIMERA PARTE:

TIENE QUE HABER OTRA MANERA

Javier Gómez Marrero

Capítulo 1

¿Nuestra nueva normalidad?

"...Los cobardes mueren muchas veces antes de morir; los valientes prueban la muerte solo una vez".

— William Shakespeare
Dramaturgo y poeta inglés
1564-1616

Los Navy SEALs son unas fuerzas especiales de la milicia estadounidense conocidas por intervenir en algunas de las condiciones más hostiles e inestables de nuestro planeta. Dicho cuerpo militar ha acuñado un acróstico que es muy descriptivo para referirse a tales condiciones. Ellos las llaman — condiciones V.U.C.A., en español VICA, porque siempre son situaciones volátiles, inciertas, complejas, y ambiguas.

Esas son precisamente las condiciones que actualmente parecerían describir mejor a muchas de las cosas que están ocurriendo hoy en la mayor parte del planeta. El pastor Mark Sayers se ha referido a este momento de la historia como una zona gris.[6] Queriendo con eso decir que vivimos un momento de transición entre lo que era, y lo que está por ser. Una

---

[6]   Mark Sayers, A Non-Anxious Presence: How a Changing and Complex World will Create a Remnant of Renewed Christian Leaders. (Chicago, IL: Moody Publishers, 2022), 25.

era está terminando pero todavía sigue parcialmente con nosotros, mientras que otra era está comenzando pero no está aquí del todo. Creándose así sendas dinámicas y retos que muy bien habría que catalogar también como condiciones V.I.C.A.

En el caso de mi país, Puerto Rico, ya hemos perdido la cuenta de las crisis de años recientes. El Censo 2020 indica que fuimos la jurisdicción de Estados Unidos que más población perdió con cerca de un 12%, que se traduce a casi medio millón de habitantes.[7] Emigración que ha continuado su paso tras el COVID-19. Los terremotos en el sur de la Isla estremecieron nuestro suelo, pero también nuestros espíritus. La crisis económica continúa rugiendo con fuerza. La polarización causada por nuestras diferencias de opinión acerca de temas relacionados con la pandemia — mascarillas o no mascarillas, abrir o no abrir, presencial o no presencial, y vacuna o no vacuna — parece haber llegado para quedarse. Además, cada año los huracanes son más frecuentes, y más poderosos. Sumándose a la tendencia demográfica actual que ha despertado serias preocupaciones por arrojar una bajísima tasa de nacimientos, casi 60% menos nacimientos que hace 30 años.[8]

Más allá de Puerto Rico (PR), el mundo ha venido atestiguando una guerra en Europa y otra en la franja de Gaza. Sin mencionar la inmensa ola de personas que han sido

---

[7]   State Data Center de Puerto Rico, Resultados Censo 2020 para Puerto Rico y sus Municipios. Instituto de Estadísticas de Puerto Rico, Accedido en julio 2024. https://censo.estadisticas.pr/node/499

[8]   Nydia Bauzá, "Baja histórica en la natalidad: siguen naciendo menos puertorriqueños en la Isla", Primera Hora. 3 de enero de 2024. Accedido el 27 de noviembre de 2024 https://www.primerahora.com/noticias/gobierno-politica/notas/baja-historica-en-la-natalidad-siguen-naciendo-menos-puertorriquenos-en-la-isla/

desplazadas de sus hogares por el sinnúmero de conflictos violentos que continúan apabullando a la raza humana y caracterizando a nuestros tiempos. Cifra que a nivel mundial se traduce a 1 persona de cada 69; casi el doble que hace una década.[9]

El racismo continúa mostrando su feo rostro. La cultura de cancelación sigue haciendo mella en la sociedad. Y la creciente tensión entre generaciones es cada vez más evidente. Tenemos sobrecarga de información. Una avalancha de voces airadas satura las redes sociales, llenas de cinismo y soberbia. Para colmo, a la pandemia la ha seguido una crisis en la salud mental a nivel mundial; la cual ha elevado la prevalencia de la ansiedad y la depresión a un 25%.[10]

BIENVENIDOS A LA NUEVA NORMALIDAD

Hay dos cosas que un ambiente V.I.C.A. necesariamente exigirá de todos nosotros. La primera es, que aprendamos a servir en equipo. Porque, siéndote franco, ningún líder es tan inteligente, ni posee la experiencia necesaria para enfrentarse solo a todo lo que esa nueva normalidad nos sigue aventando en nuestra dirección. Y si alguien te dice que él o ella, en efecto, es lo suficientemente inteligente, no le creas. Es más, si hay algo realmente peligroso es cuando una persona no sabe

---

[9]   Ala Kheir, "Informe de Tendencias Globales". ACNUR, Agencia de la ONU para los refugiados. 1 de junio de 2024. Accedido el 27 de noviembre de 2024. Https://www.acnur.org/tendencias-globales

[10]   "La pandemia de COVID-19 aumenta en un 25% la prevalencia de la ansiedad y la depresión en todo el mundo". Organización Mundial de la Salud. 2 de marzo de 2022. Accedido el 27 de noviembre de 2024 .https://www.who.int/es/news/item/02-03-2022-covid-19-pandemic-triggers-25-increase-in-prevalence-of-anxiety-and-depression-worldwide

que no sabe. Por eso, estos tiempos nos exigen que aprendamos a trabajar en equipo. Y la segunda cosa que estos días nos demandan es un corolario a la primera: mucha humildad.

Todo tiempo V.I.C.A. desenmascara lo ilusa de nuestra sensación de control. Pero la mayoría de las veces seremos incapaces de apreciar semejante regalo. Por lo que haremos malabares para no quedarnos quietos. Es más, parece que ni siquiera para quedarnos quietos podemos dejar de movernos. Después de todo, nos han enseñado que debemos ser poderosos, no débiles, y orgullosos en vez de humildes. Pero Sayers añade una nota de esperanza para todos aquellos que logren apreciar el regalo de identificar y aceptar sus muchas limitaciones; aferrándose a la mismísima presencia de Dios:

> "Los grandes bastiones de nuestro día, ya sea aquellos formados con una estructura de secularismo o cristianismo cultural (o una combinación de ambos), nos han enseñado que la presión es algo malo. Que es posible vivir la vida y caminar entre las gotas de lluvia sin mojarse. Así que cuando la presión cultural aumenta…en nuestro momento de zona gris y nos encontramos en un desierto, aquellos que recurran a Dios, que elijan no huir del desierto, que busquen Su presencia en el desierto, serán transformados con autoridad espiritual".[11]

Aquellos miedos que nos hacen sentir inadecuados ganan mucho terreno en las crisis. Por lo que instintivamente procuraremos detenerlos como único sabemos hacerlo. Hablando mucho, proyectándonos mejor informados de lo que estamos y moviéndonos mucho. Entreteniéndonos mucho;

---

[11]   Mark Sayers, A Non-Anxious Presence: How a Changing and Complex World will Create a Remnant of Renewed Christian Leaders. (Chicago, IL: Moody Publishers, 2022), 181-182. (Traducido con IA.)

alimentándonos más de lo necesario; ocupándonos sin descanso; preocupándonos a mansalva; y luchando como gato boca arriba por retener así sea la mínima ilusión de control. Y aunque siempre somos así, las crisis consiguen exacerbar aún más nuestra gran vulnerabilidad, detonando miedos, vergüenzas, traumas, inseguridades, culpas y otras dolencias emocionales. ¿Qué pretende Dios, que me quede en el desierto para tener que mirar y enfrentar todo eso?

Típicamente no aguantamos el silencio de la inactividad, y preferimos abrazar el estridente ruido del activismo. Nos aterra quedarnos quietos sufriendo nuestra propia compañía, pues ese inquieto silencio nos fuerza a pensar en cosas que preferiríamos olvidar o ignorar. Pero eso de ninguna manera quiere decir que sepamos qué hacer. Y por no saber guardar silencio ni estarnos quietos, casi nunca sabemos qué, cuándo, y mucho menos, cómo actuar. Eso explica el que a menudo son los más asustados en un grupo cualquiera los que terminan ocupándose de algunas de las decisiones más importantes. Como cuando unos discípulos de Jesús, evidentemente contrariados, se atreven a aconsejarle (como si él no supiera más que eso): "despide a la multitud para que compren algo de comer".[12] Todos sabemos lo que oportunamente hizo Jesús con aquel mal consejo, nacido de personas controladas por su ansiedad. Sin embargo, aun cuando me avergüenza admitirlo, seguramente yo le habría aconsejado lo mismo.

De hecho, para poder discernir lo que la ansiedad nos impide detectar, hay que examinar primero la propia ansiedad, comenzando con su constante apuro y engañosa negatividad.

---

[12]   Mateo 14:13-21

Hay que aprender a pensar, además, de otra manera y no por encuestas de opinión. Las mejores decisiones tienden a provenir de personas que piensan radicalmente distinto al resto. Es precisamente para eso que están ahí, o mejor dicho que, en su misericordiosa gerencia, Dios puso a esas personas ahí.

DOS PLEGARIAS QUE HACEN LA DIFERENCIA

Algunas de mis peores crisis han traído consigo muchos valiosos regalos que con los años he aprendido a apreciar. Quiero compartirte brevemente algunos de ellos.

- Lo que Jesús busca son seguidores, no "líderes".
- Si se lo permites, Dios te indicará el camino.
- Quien lidera desde el miedo toma malas decisiones.
- No supongas que tienes que salvar la situación.
- No cedas a la mentalidad del peor escenario.
- Puedes hacer mucho sin un edificio.
- Puedes usar mucho mejor tu presupuesto.
- Tener un mensaje claro de parte de Dios para compartir, no es negociable.
- La gente crece en el desierto, atraviésalo con ellos.
- La vida ocurre en el mundo real, busca a la gente allí.
- Puedes anticipar que Dios enviará nuevo talento dispuesto a ayudar; dales permiso para ello.
- La gente demostrará mayor apertura al cambio.
- Dios se especializa en redimir el sufrimiento, no le pidas atajos, ni para ti, ni para otros. Recuerda, la mejor oración no es la que le dice a Dios qué hacer.
- El equipo es el nuevo líder; y depender de Dios es la clave.

En medio de la crisis del COVID-19, encontré dos plegarias que fueron elevadas por el apóstol Pablo a favor de los cristianos de Colosas, que han estado informando las mías en tiempos V.I.C.A. La primera lee así: "Pido que Dios les dé pleno conocimiento de su voluntad y que les conceda sabiduría y comprensión espiritual".[13] Enfrentar un ambiente V.I.C.A. necesariamente implicará la continua toma de decisiones. Y muchos de nosotros ya hemos comenzado a padecer de algo que se llama fatiga de decisión.[14] Máxime cuando la información que se tiene a la mano es volátil, incierta, compleja y ambigua. Piénsalo, dicha petición no podría ser más pertinente entonces — que Dios nos dé pleno conocimiento de su voluntad, para saber así siempre qué es lo que más conviene hacer. "Entonces, la forma en que vivan siempre honrará y agradará al Señor, y sus vidas producirán toda clase de buenos frutos".[15] Dios quiere guiarte, y si se lo permites, eso es precisamente lo que hará.

La segunda oración lee así: "Pido que se fortalezcan con todo el glorioso poder de Dios para que tengan toda la constancia y la paciencia que necesitan".[16] ¿Pudiste verlo? Constancia y paciencia, ¡sobrenaturales! El pastor y psicólogo, John Eldredge[17], explica que una de las diferencias más significativas entre camellos y caballos es que se puede notar cuando

---

[13]   Colosenses 1:9 NTV
[14]   Jon Johnson. "What is decision fatigue?", Medical News Today. July 7, 2020. Accedido el 27 de noviembre de 2024. Https://www.medicalnewstoday.com/articles/decision-fatigue
[15]   Colosenses 1:10 NTV
[16]   Colosenses 1:11 NTV
[17]   John Eldredge, Resilient: Restoring Your Weary Soul in These Turbulent Times. (Thomas Nelson, 2022), ix.

un caballo está cansado, no así con los camellos. El caballo da evidentes señales de cansancio y de sed. Pero el camello, a simple vista no aparenta cansarse. Ese poderoso animal puede atravesar desiertos enteros sin presentar señal alguna de cansancio o de sed. Y es precisamente por eso que cuando menos lo esperes, pero más lo necesites, repentinamente puede desplomarse. No puedes depender de leer señal alguna de cansancio porque no te las dará jamás. Por lo que hay que darle agua y descanso, aun cuando nunca evidencie necesitarlo.

Nuestro problema es que tú y yo somos como el camello. Y, casi siempre, al enfrentarnos a una crisis, nos lanzaremos de pecho hasta resolverla. Después de todo, alguien tiene que hacerlo, ¿verdad? Luchamos, corremos, cargamos, decidimos, y…pues bueno, ya sabemos el resto; así somos. De ahí que, a menudo, incluso luego de haber llegado al otro lado, y para la sorpresa de todos, repentinamente colapsamos.

Nosotros, igual que el camello, a menudo no nos permitimos dar señales de cansancio. Menos aún nos permitimos hacer un alto y descansar. Reponer reservas parece ilegal para muchos de nosotros; especialmente antes de que sea demasiado tarde. Por eso quemamos las reservas hasta que literalmente no nos queda ninguna. Y ten bien presente lo siguiente, ninguna sabática te repondrá de una quemazón. La sabática debes tomarla mucho antes, para evitar la quemazón, no para tratarla[18]. Además, si tu problema es la manera en que usas tu tiempo de trabajo, necesitas aprender a usar mejor ese tiempo, en vez de tomar una pausa de este. Pues si al regresar de tus

---

[18]   Robert C. Sales, Planning Sabbaticals: A Guide for Congregations and their Pastors. (Chalice Press, 2019), 6-7.

vacaciones, retornas a la misma manera de usar ese tiempo, entonces cualquier reserva que tu descanso haya repuesto, la consumirás antes de terminar tu primer mes de vuelta. Pero podemos y debemos hacerlo mejor que eso. La resiliencia es un acto de preparación y no de pretensión. Una consecuencia de estar en Su Presencia, y no de proyectar prepotencia. Y en un mundo como el nuestro, sumergido en la competencia y en la velocidad, resulta muy difícil encontrar esa clase de resiliencia.

CATORCE — CATORCE — CATORCE

Las genealogías nunca han estado entre las porciones más leídas de la Biblia, pero ello ha sido para nuestro propio detrimento. Además, la siguiente no es cualquier genealogía. Mateo escribe:

"Libro de la genealogía de Jesucristo, hijo de David, hijo de Abraham. Abraham engendró a Isaac, Isaac a Jacob, y Jacob a Judá y a sus hermanos. Judá engendró de Tamar a Fares y a Zara, Fares a Esrom, y Esrom a Aram. Aram engendró a Aminadab, Aminadab a Naasón, y Naasón a Salmón. Salmón engendró de Rahab a Booz, Booz engendró de Rut a Obed, y Obed a Isaí. Isaí engendró al rey David, y el rey David engendró a Salomón de la que fue mujer de Urías. Salomón engendró a Roboam, Roboam a Abías, y Abías a Asa. Asa engendró a Josafat, Josafat a Joram, y Joram a Uzías. Uzías engendró a Jotam, Jotam a Acaz, y Acaz a Ezequías. Ezequías engendró a Manasés, Manasés a Amón, y Amón a Josías. Josías engendró a Jeconías y a sus hermanos, en el tiempo de la deportación a Babilonia. Después de la deportación a Babilonia, Jeconías engendró a Salatiel, y Salatiel a Zorobabel. Zorobabel engendró a Abiud, Abiud a Eliaquim, y Eliaquim a Azor.

Azor engendró a Sadoc, Sadoc a Aquim, y Aquim a
Eliud. Eliud engendró a Eleazar, Eleazar a Matán, Matán a Jacob; y Jacob engendró a José, marido de María,
de la cual nació Jesús, llamado el Cristo. De manera que
todas las generaciones desde Abraham hasta David son
catorce; desde David hasta la deportación a Babilonia,
catorce; y desde la deportación a Babilonia hasta
Cristo, catorce".[19]

Mateo utiliza una frase que muy bien parece recoger
todo lo que nos quiere decir en sus primeros dos capítulos en
cuanto al nacimiento de Jesús. La frase se refiere al poderoso
rey Herodes y dice así: "cuando Herodes se vio burlado por los
magos". A todas luces, lo que esa frase en realidad está diciendo
es: "Cuando Herodes se vio burlado por Dios". Pues si uno lo
piensa, los magos son incidentales, es Dios quien se la hace a
Herodes. La genealogía de Mateo es un poderoso argumento a
favor del mismo fenómeno, Dios burlando obstáculos o salién-
dose con la suya a pesar de todo. Cada nombre representa una
imposibilidad humana o un callejón sin salida. Pero igual, Dios
termina sirviéndose con la cuchara grande en cada ocasión.

El Mesías prometido nace, no solo a pesar de tantos
contratiempos, sino a través de tantos contratiempos. A la hora
de actuar, Dios toma en cuenta nuestros burdos fracasos y ver-
gonzosos pecados. Incluso nuestros accidentes, si es que se los
puede llamar así. Dios se ocupa además de nuestros callejones
sin salida — desde la infertilidad de las esposas de Abraham e
Isaac respectivamente, hasta las trágicas muertes del esposo, y
de los dos hijos, de Noemí; desde el establecimiento de la mo-
narquía y su edad de oro bajo Salomón, hasta la vergonzosa

---

[19]   Mateo 1:1-17 NTV

deportación a Babilonia en su momento más desesperante. Seguida por el retorno triunfante del exilio, que sería finalmente subsidiado nada menos que por sus propios opresores.

Dios se sale con la suya contra todo pronóstico. Él lo hace presidiendo sobre todo, y teniendo en cuenta hasta la más mínima supuesta desviación de curso. Cada decisión, pecado y error humano termina siendo una parte puntual del plan eterno de Dios en vías de cumplir su bendita promesa. En realidad la soberanía de Dios es resistida y violada, sin embargo eso no logra echarla del poder ni tomarla por sorpresa. Y al leer cada nombre, repasando sus dramáticas historias, uno ve un milagro tras otro, una generación tras otra. Salta a la vista el enorme cúmulo de dificultades, accidentes, pecados, omisiones, maldades y errores de cada historia representada. Es como para que nadie pueda dudar que aquí está pasando algo más grande que la suma de sus partes. Dios burlándose de nuestros imposibles. Dios cumpliendo sus promesas.

Mateo subraya la sin igual precisión matemática de todas esas historias. En la mente hebrea, los números eran un preciado recurso literario para transmitir mensajes.[20] Además, una lectura cuidadosa de los Salmos sirve para convencernos del legendario uso que hacía el poeta judío de la métrica y de la rima. Recursos literarios con los que el autor persigue decir algo. Están, por ejemplo, los Salmos alfabéticos, que usan letras del alfabeto hebreo (al inicio de cada verso), para que al leerlo se pudiera descubrir el mensaje central de todo el salmo. Eran toda una obra de arte. Otros Salmos utilizan el recurso

---

[20]   John H. Walton, Comentario del Contexto Cultural de la Biblia. Antiguo Testamento: El Trasfondo Cultural de Cada Pasaje del Antiguo Testamento, (El Paso, Texas, Editorial Mundo Hispano, 2004), 572.

del acróstico, donde con la primera letra de cada verso se forma la palabra que indica el tema central del salmo. Un ejemplo del salmo alfabético es el Salmo 119, que está dividido como muchos saben, en 22 estrofas, conforme al número de las letras del alfabeto hebreo. En el original, cada una de las ocho líneas principales de cada estrofa comienza con la letra que da nombre a la misma. Y por ende su grado de dificultad es asombroso. Por lo que todos esos recursos literarios servían como una especie de magneto que atrae hacia sí al ojo del lector. Recursos que destacaban la dramática importancia del contenido transmitido.

Me atrevo pues a subrayar que en el primer capítulo de Mateo, nuestro autor intenta ayudarnos a apreciar lo que él ha leído en ese otro acróstico que sólo Dios en persona pudo escribir. Un acróstico numérico escrito a lo largo de la historia. ¡Solo Dios! Este es Dios trabajando. Dios escribiéndonos tres veces catorce en nuestras propias narices, cuando ninguno de nosotros estaba siquiera contando.

Dios está haciendo cosas hermosas, perfectas, y sincronizadas al segundo, ¡a pesar de todo! Y debo añadir, ¡a través de todo! Mateo hace su matemática y le tiembla el pulso, y le tiembla el alma, catorce — catorce — catorce.

El evangelista se da cuenta de que, en hebreo, el nombre David tiene el valor numérico de catorce, y por tanto el nombre de David está escrito tres veces desde Abraham hasta Jesús. "Por lo que, apoyándose en todo esto podría decirse que esta genealogía de tres grupos de catorce generaciones es un verdadero Evangelio del Mesías Rey — toda la historia tiene la vista puesta en Aquel, cuyo trono perdurará para siempre".[21]

No obstante, no podemos usar este texto para acurrucarnos. Este pasaje no persigue necesariamente decirnos que nuestra historia particular tendrá siempre el final que deseamos. No se trata de nosotros, y eso sin duda queda claro en el texto. No es mi nombre el que aparece al final de esa genealogía, ni siquiera es mi genealogía, es la del Mesías, porque se trata de Él. Y por supuesto que nos conviene que así sea, pero no en la manera en que estamos malamente acostumbrados a que nos convenga. Queremos creer que cada historia de la Biblia está en función mía, queremos creer que se trata de mí después de todo. Que Dios saldrá a mi rescate en cada ocasión, que Dios me sacará de Egipto, que Dios me hará reinar, que Dios me hará volver del exilio, etc. Pero esta no es esencialmente mi historia, es Su Historia. La buena noticia es que de una forma u otra soy invitado a ser parte de esta historia y por eso tengo esperanza. Él es el Mesías, pero es más que eso, es ¡mi Mesías!

De nuevo, este primer capítulo de Mateo debería robarnos el aliento. Mateo ni siquiera ha comenzado a hablar acerca de los inigualables hechos e impecables discursos de Jesús, y ya ha conseguido dejar boquiabierta a su audiencia; sólo por compartirnos su genealogía. Y lo que podría considerarse apenas como el título a su Evangelio (o a lo sumo su preámbulo), contiene suficiente como para demostrar que deberíamos aproximarnos a Jesús con nuestros ojos bien abiertos, cuidándonos de prestar la más solemne atención a lo que sea que

---

[21]   Pope Benedict XVI, Jesus of Nazareth: The Infancy Narratives. (Random House LLC, 2012), 6. (Traducción del autor.)

tenga que decirnos, advertirnos, modelarnos, pero sobre todo, a eso que Él tenga a bien darnos.

Yo veo aquí, tanto un consuelo como una invitación. Consuelo, porque me recuerda que Dios muchas veces está haciendo más en la historia, precisamente cuando aparenta estar haciendo menos. Él se burla del más estratégico de los Herodes, así como de todo lo que desde mi miope perspectiva no luce sino como derrota y oscuridad. Y nada impedirá que cumpla sus promesas. Es cierto, leo aquí consuelo, pero también una invitación. Una invitación a darnos cuenta de Dios. Una invitación a discernir nuestros tiempos, a la luz del Evangelio, y no a partir del miedo y de las mentiras del mundo, y menos aún del príncipe de este mundo. Las genealogías son especialmente valiosas para los pueblos en el exilio. Hacían las veces de un álbum familiar que perpetuaba su historia. Literalmente salvaban pueblos enteros de ser extinguidos. Y esto, en medio del exilio, cuando nada parece tener sentido, y hasta la propia identidad parece pender de un hilo. Recordamos, que esta historia no ha comenzado recién con nosotros, y que es mucho más grande que nosotros. Y en este duro exilio, la invitación es a no olvidar quién eres; y a celebrar que no has sido olvidado.

Detengámonos a interpretar nuestra actualidad, pero a la luz de ese Dios. Creo que así se le ve y se le entiende todo completamente distinto. Una de las cosas más poderosas que me ha enseñado Dios es a repasar mi vida por décadas y por lustros. Ha sido impresionante descubrir que Dios no desperdicia un Alzheimer's, ni una crisis, ni un huracán, ni un divorcio, ni una viudez, ni un hijo pródigo, ni una pandemia, ni un nuevo bebé, ni una denominación evangélica. Cobra aliento, Dios puede burlarse y ocuparse de todos tus Herodes. Pero si no interpretas lo que sucede, echando mano de la perspectiva de Dios, entonces alguien más lo hará por ti. Vivimos días históricos; y hay que recordar que Dios se especializa en días así. Dios está trabajando y nada lo detendrá.

En 1939, mientras las nubes de guerra se oscurecían sobre Europa, el rey Jorge VI inspiró a innumerables corazones humanos a través de un mensaje de Navidad transmitido al Imperio Británico cuando citó estos versos de un poema de Minnie Louise Haskins: "Le dije al hombre que estaba en la puerta del año: Dame una luz para que pueda caminar hacia lo desconocido". Y él respondió: "Entra en las tinieblas y pon tu mano en la mano de Dios. Eso te será mejor que la luz y más seguro que el camino conocido".[22] Y que así, Dios mismo sea entonces, nuestra nueva normalidad.

---

[22] "La puerta del año" es el nombre popular dado a un poema de Minnie Louise Haskins. El título que le dio el autor fue "Dios sabe".

Javier Gómez Marrero

Capítulo 2

Los tres enemigos naturales de tu florecimiento

"...pizca de barro, acaso no sabes cuán poco amor te cabe...".

— Francis Thompson
Poeta inglés, 1859-1907

Elie Wiesel, un famoso sobreviviente de los campos de exterminio nazi, escribió la siguiente historia:

"Un hombre justo llegó a Sodoma, decidido a salvar a sus habitantes del pecado y el castigo. Noche y día caminó por calles y mercados predicando contra la corrupción y el robo, la falsedad y la indiferencia. Al principio la gente escuchaba sonriendo con cierta ironía. Después, simplemente dejaron de escuchar, ya ni siquiera les parecía divertido. Los asesinos seguían asesinando y los sabios guardaban silencio, como si no hubiera un solo hombre justo entre ellos. Un día, por lástima, un niño se le acercó y le dijo: "Pobre extranjero. Gritas, gastas tu cuerpo y tu alma, antes se reían de ti, luego te menospreciaron, ahora para efectos de ellos es como si ni siquiera existieras. ¿No te das cuenta de que no te escuchan? ¿Acaso no ves que no hay esperanza?" "Lo veo", contestó el hombre. "Entonces, ¿por qué continúas?" "Te diré por qué. Al principio creía que podría cambiar a las personas. Hoy sé que no podré hacerlo. Si aún grito y vocifero, no es para intentar cambiarlas a ellas, sino para tratar de impedir que ellas finalmente consigan cambiarme a mí".[23]

¿Cuán cerca has estado ya de abrazar esa desesperanza crónica, que parece estar arropándolo todo hoy día? Supongo que, por lo menos, has coqueteado con un sentimiento de apatía, esa persuasiva idea de que ni siquiera deberíamos perder el tiempo intentando hacer algo acerca de cualquier cosa. Y sino, quizás te has preguntado, ¿será que algo saldrá alguna vez bien, por fin? Yo sí, y más veces de las que me gustaría admitir.

Pero entonces recuerdo el Evangelio. "No os conforméis a este siglo, sino transformaos por medio de la renovación de vuestro entendimiento, para que comprobéis cuál sea la buena voluntad de Dios, agradable y perfecta".[24] En solo un verso, Pablo logra contrastar la precaria historia de la humanidad, a la que prefiere llamar "este siglo", con el magnífico sueño de Dios para con esa misma humanidad. Sueño al que Pablo se refiere como "la buena voluntad de Dios, agradable y perfecta". Sentando así las bases para ayudarnos a apreciar el increíble florecimiento que el Dios del Evangelio anhela para nosotros.

¡El ideal de Dios! Esa extraordinaria manera de ser, de vivir y de hacer, que evidentemente se distancia abismalmente de nuestra desesperada y común, experiencia de la realidad. Y que nuestra predecible torcida manera de pensar sabotea miserablemente una y otra vez sin siquiera necesitar proponérnoslo.

---

[23]   2016. Elie Wiesel. "A Last Breath of Witness". Y Magazine, Fall 2016 Issue.https://magazine.byu.edu/article/ elie-wiesel-last-breath-witness/ (Traducción del autor.)

[24]   Romanos 12:2

Acerca de esa torcida manera de pensar, Pablo tiene mucho más que decir, en los versos que siguen de ese revelador capítulo doce de Romanos. Sin embargo, típicamente solo leemos hasta el verso dos, por lo que erróneamente concluimos que renovar el entendimiento apunta solamente a aprender algo, reduciendo así la potencial transformación de la persona cristiana al simple acto de adquirir nueva información. En parte, porque reducimos también esa buena, agradable y perfecta voluntad de Dios, a cosas puramente circunstanciales. Cosas en el orden de: ¿dónde querrá Dios que trabaje o cuándo querrá Dios que siente cabeza? En vez de referirse más bien a: ¿cómo querrá Dios que vivamos o qué clase de persona y de sociedad desea él que seamos? Y especialmente: ¿cómo se propone lograrlo?

OTRA MANERA DE PENSAR

Pero si te las arreglas para llegar hasta el verso tres, verás que la renovación del entendimiento abarca mucho más que el mero acto de adquirir nueva información. Pablo escribe: "Digo, pues, por la gracia que me es dada, a cada cual que está entre vosotros, que no tenga más alto concepto de sí que el que debe tener sino que piense de sí con cordura, conforme a la medida de fe que Dios repartió a cada uno".[25] Ya que avanzar hacia semejante ideal, que es el deseo de Dios, no supone meramente aprender algo. Requiere también, especialmente, adoptar una nueva manera de pensar acerca de la realidad,[26]

---

[25] Romanos 12:3
[26] Una manera de pensar acerca de la realidad es algo que se conoce como un mapa mental.

que sea afín con las revolucionarias implicaciones de la obra y persona de Jesús.

El apóstol enseña que el ser humano intenta vivir en un universo que ni siquiera está ahí. Un universo donde las personas puedan supuestamente definirse a sí mismas y llegar a ser autosuficientes. Ilusa pretensión, que es apenas la punta del iceberg. Pues el ser humano ha llegado incluso a suponerse capaz de alterar, y también de ajustar, la mismísima realidad como mejor le parezca. En vez de necesitar explorarla como el glorioso misterio que todos hemos sido invitados a disfrutar, a respetar, y especialmente a cuidar.

En su argumento, Pablo usa dos expresiones que llaman la atención: racional y cordura. La primera aparece cuando luego de habernos compartido sendos once capítulos saturados de Evangelio, Pablo nos invita a hacer lo único que sería racional hacer: centrar toda nuestra vida en el poderoso Autor de ese glorioso Evangelio. "Ese es vuestro culto racional,"[27] nos dice entusiasmado el apóstol. Su segunda expresión alude a la única manera cuerda de pensar, a raíz de la verdad del Evangelio. Pablo sabe que hasta que el Evangelio no se asiente en nuestra manera de pensar, pocas cosas comenzarán a cambiar en nosotros. Ya que, para tratar de sobrevivir en nuestro exilio del paraíso, necesariamente abrazaremos una noción de nosotros mismos que no guarda proporción alguna con la realidad. Y, como el resto, acabaremos viviendo conforme al imaginario social [28] de nuestro respectivo momento histórico.

---

[27]   Romanos 12:1

[28]   El imaginario social consiste en un conjunto de suposiciones sociales, que representan un tipo de consenso durante un momento cultural

Conformándonos a (es decir, tomando la forma de) este siglo, incluyendo sus elaboradas inconsistencias acerca de qué conduce al auténtico florecimiento humano. Alejándonos así de la realidad, y haciéndolo, a todo galope.

Así que se nos va la vida en ese, "piense de sí con cordura, conforme a la medida de fe, que Dios repartió a cada uno".[29] Y acerca de cómo se puede comenzar a pensar conforme al Evangelio, y por ende con cordura, permíteme referirte a la brillante parábola de Jesús acerca de los cuatro terrenos.[30] Parábola con la que Jesús aborda las distintas reacciones a su mensaje, de acuerdo con las únicas cuatro posibles maneras de pensar a nuestro alcance. Te propongo aquí que las primeras tres representan las estrategias de florecimiento que la humanidad ha promovido, con distintos nombres, a lo largo de la historia. Mientras que el cuarto terreno representa a aquella única estrategia de florecimiento que no se nos pudo ocurrir a nosotros, y que es la única que conduce a nuestro verdadero florecimiento.

Las primeras tres dependen de que pretendamos ser más que meros seres humanos. Lo que luce imprescindible si es que se quiere sobrevivir en el exilio. Ya que mientras más colmillos y garras aparentes tener, mejores serán tus probabilidades. Y sin embargo, recuerda bien esto: sobrevivir no es

---

dado. Es la manera en que instintivamente suponemos que son las cosas, aunque no sepamos cómo llegamos a esa conclusión o por qué. Por ejemplo: la ciencia es la única fuente de la verdad; el ser humano es esencialmente bueno; la sociedad está progresando; la verdad es relativa; no puede ser pecado si el destino lo quiere; si quieres puedes lograr cualquier cosa; no importa qué creas siempre que seas sincero; ganar es lo que cuenta; etc.

[29]   Romanos 12:3
[30]   Mateo 13:1-23

florecer. Pero, a falta del Evangelio, no tienes de otra que echar mano de la sabiduría secular. La que a través de su poderosa maquinaria publicitaria intentará convencerte de la real posibilidad de una de tres mentiras. A las que llamaré aquí los tres enemigos naturales de tu florecimiento: (1) No te fíes de nadie (créate a ti mismo) — una falsa identidad. (2) Escucha tu corazón (abraza tu propia verdad) — una falsa fe. (3) Escapa de la realidad (evita, o medica, tu dolor) — un falso dios.

NO TE FÍES DE NADIE

En una vida conducida lejos de aquel paraíso que fuera nuestro hábitat natural, todos nos enfrentaremos a nuestros miedos lo mejor que podamos. Especialmente aquellos más primitivos, como son la vergüenza y el miedo de morir. Y a la hora de tratar de enfrentar nuestros miedos, la sabiduría popular aconseja que la mejor manera de hacerlo es no fiándote de nadie. Resultando esto en que te definas a ti mismo por ti mismo, más allá de lo que otros, y especialmente la sociedad como un todo, te puedan querer imponer. Traduciéndose en personas que aspiran a la plena autonomía.

Esa autodefinición incluirá aquellas aptitudes, deseos, opiniones, fortalezas y debilidades que has ido descubriendo en ti. Y en la práctica, la meta consistirá no solo en convencerte a ti mismo de tu autodefinición, sino también a la próxima persona con la que te cruces. Hallándonos entonces ante una de las más inusuales contradicciones de las que somos capaces como sociedad, ya que esa supuesta autodefinición depende necesariamente de la validación del otro. Así que, aunque es cierto que esa propuesta surgió como una reacción comprensible al uso y abuso de la práctica social de ponernos etiquetas unos a otros, no nos libraremos completamente de ello. Pues, al final del día, esperamos y necesitamos, que alguien más lea y valide aquella etiqueta que hayamos decidido ponernos nosotros mismos para así poder sentirnos meridianamente a salvo. Y terminamos defendiendo la libertad para ser auténtico[31], queriendo decir con eso el desentenderse de toda inhibición, acusando de hipocresía a los demás. O si no, defendiendo la libertad para ser sincero[32], queriendo decir con eso que lo que yo haga debe corresponder con la identidad que haya decidido forjar, acusando de inconsistencia a los demás. Pero siempre necesitando que nos valide esa misma sociedad que criticamos. Porque ningún ser humano puede existir estrictamente por su propia cuenta, ya que ese otro ser humano, al reconocerme[33] y al tratar conmigo, es que logra tornar en una realidad concreta mi propia existencia. De otra manera, es como si yo no existiera. Por lo que el peor insulto que se puede cometer contra cualquier persona no es ofenderla, sino hacerla invisible.

Así que, como muy bien lo explica Carl R. Trueman:

"La identidad individual es, por lo tanto, verdaderamente un diálogo: la forma en que una persona piensa de sí misma es el resultado de aprender el idioma de la comunidad para poder ser parte de esta. También

---

31   Carl R. Trueman, El origen y el triunfo del ego moderno. (BHP Publishing Group, 2022), 63.
32   Adam Grant. "Sé tú mismo es un pésimo consejo". The New York Times. 9 de junio de 2026. Accedido el 27 de noviembre de 2024. https://www.nytimes.com/es/2016/06/09/espanol/opinion/se-tu-mismo-es-un-pesimo-consejo.html?smid=url-share
33   Carl R. Trueman, El origen y el triunfo del ego moderno. (BHP Publishing Group, 2022), 81.

explica la necesidad humana básica de pertenecer: la idea del hombre rousseauesco, aislado de la naturaleza, que vive solo y para sí mismo, puede ser superficialmente atractiva, pero un momento de reflexión indicaría lo extraño, si no completamente absurdo, que sería".[34]

Por eso, a falta del Evangelio — y por ende careciendo del diálogo definitivo con Aquel que es la Palabra — requerirás de la sociedad para dialogar tu identidad. Y ya sea que la sociedad te quiera imponer una identidad, o que le quieras imponer tu autodefinición a la sociedad, de todos modos estarías participando de un diálogo inferior. Cuya identidad resultante estaría siempre en entredicho y, necesariamente, a la defensiva.

Hoy preferimos definirnos a nosotros mismos antes que dejarle ese trabajo a algún incompetente, o peor aún a quienes podrían aprovecharse de nosotros. Y todo parece apuntar a que la sociedad ya ha hecho las paces con eso, dejándole esa pesada carga a cada individuo. Eso explica mucha de esa ansiedad colectiva que nos caracteriza hoy. Y, a falta del Evangelio, solo nos restaría desearte la mejor buena suerte, con toda esa imposible empresa de crearte a ti mismo.

Quizás sabes hacer reír. Puede que lo tuyo sea liderar, o cocinar; o tal vez ninguna. Quizás eres hábil con el pensamiento lógico, o con lo artístico, o atlético, como puede que no. Tal vez la inteligencia es prominente en ti. O puede que sea la sabiduría. Quizás dominas el arte de la persuasión, tienes carisma; o te expresas bien en público. Y a lo mejor preferirías que te tragara la tierra, antes que hablar en público. Puede que

---

[34]   Ibid, 71-72.

seas excepcionalmente bueno con aquello en lo que te ganas la vida, o puede que seas promedio. Tal vez has logrado algunas cosas que la sociedad valida como éxito, o ninguna de ellas. Y esas debilidades, fortalezas, experiencias, y opiniones que tú o tus padres han defendido (porque a veces hasta eso se hereda), pasan a ser tu manera de definirte a ti mismo, y de presentarte ante el mundo. En la búsqueda continua de su codiciada validación. Porque en realidad no sabes quién eres, o al menos no estás lo suficientemente seguro. Y esa inseguridad constante es la que te roba la vida. Lo que obviamente terminará convirtiéndote en una persona a la defensiva y reaccionaria. Ya que tu propio sentido de identidad estaría siempre en juego. Y a eso de ninguna manera se le podría llamar vida en abundancia.

ESCUCHA TU CORAZÓN

La segunda mentira surge de patrones de pensamiento defectuosos que inciden en nuestra interpretación de lo que nos está ocurriendo, pero que provienen de lo que ya nos había ocurrido. Pues la misma absurda premisa que causó la caída de nuestros ancestros — el pensar que ellos podrían actuar en lugar de Dios — nos hace ver al corazón como el depositario exclusivo de la verdad definitiva.

"Escucha a tu corazón" se ha convertido en la nueva norma cultural que se supone que nos haga florecer. Responsabilidad que le queda demasiado grande al corazón, por lo que escucharle solo terminará lastimándote. Pues el corazón rara vez aconseja desde una decisión de la que esté necesariamente consciente. Muchas de nuestras ideas terminan trabajando tras bastidores. Algunas nos susurran; otras nos gritan, pero no necesariamente sabemos desde dónde, o desde cuándo, lo hacen. "Papá nunca estaba en casa; nadie quiere estar conmigo". "Mamá alababa mis buenas notas; valgo algo solamente si saco buenas notas". Muchas conclusiones a las que ha llegado nuestro corazón son puntos ciegos para nosotros. Y, como aquellas otras conclusiones de las que sí llegamos a apercibirnos, estas igualmente operan a manera de valores que se traducen en conducta, y eventualmente, por supuesto que sí, en cultura. Queriendo básicamente decir que, "así son siempre las cosas por aquí". Y es que nuestra forma de ser está mucho más automatizada y basada en nuestro pasado de lo que nos gustaría creer.

Además, esos patrones de pensamiento defectuosos conforman una especie de credo, con el que definimos el contorno y el contenido de nuestra realidad. Creyendo entonces solo lo que queremos, o supongamos conveniente llegar a creer. Por lo cual el pragmatismo será la orden del día, y la comodidad personal la única medida constante. Pero al final, aun cuando suene atractivo, eso no conduce a la libertad del miedo, y menos aún al florecimiento.

ESCAPA DE LA REALIDAD

La tercera mentira surge del intento de aliviar, adormecer o manejar el dolor de vivir en una realidad que es sufrida, peligrosa y traicionera. Y cualquier cosa que consiga aliviarnos o distraernos de la angustiosa realidad de la condición humana, nos servirá. Especialmente si nos ayuda a escapar de nosotros mismos. Esta sociedad materialista ha despojado a la vida de trascendencia y significado. Eso le quita las ganas de vivir a cualquiera que se detenga el tiempo suficiente para considerar las implicaciones de ello. Por lo que preferimos no detenernos. Y mucho menos pensar. Quizás sea esa la peor pandemia de este tiempo, nuestra renuncia colectiva a pensar por nosotros mismos. Las drogas recreacionales y el alcohol, podrían ser los niños símbolos de nuestra búsqueda por escapar, pues representan esa continua búsqueda por una realidad alterna. Una realidad de fantasía que esté dispuesta a recibirnos con brazos abiertos, y que nos permita escapar de aquella que aparentemente nos ha cerrado los suyos. Una realidad paralela que en algún multi-verso nos permitiría siempre salirnos con la nuestra.

La invitación a evitar el dolor a toda costa luce siempre muy seductora. Pero igual sabemos que procurar hacer que la vida sea tolerable no es suficiente. Queremos controlarla minuto a minuto. Queremos extirparla de todo sufrimiento. Queremos derechos sin deberes. Queremos satisfacción instantánea. Queremos risas sin lágrimas. Queremos madurar, pero ocupándonos solamente de nosotros mismos. Queremos ayudar pero solo si alguien nos ve. Queremos libertad para decidir, pero también liberarnos de las consecuencias de nuestras malas decisiones. Queremos arrepentirnos pero no de nuestros pecados. Queremos el reino de Dios, pero sin Dios. Todo lo que usamos, y oportunamente abusamos, para escapar asumirá siempre la forma de un ídolo que nos esclavizará cruelmente. Porque un ídolo es como una adicción, y toda adicción es una especie de esclavitud. Estas siempre nos deshumanizan, generando la más terrible destrucción. Y todo ídolo siempre comienza siendo otra cosa; como por ejemplo un trabajo, una carrera, un pasatiempo o una relación. Pero con el tiempo lo comenzamos a ver como una fuente de donde podemos por lo menos pretender derivar nuestra identidad y nuestra seguridad. Algo que en realidad solo Dios nos puede dar. Por lo que, incluso, algunas de las adicciones menos amenazantes pueden llegar a ser tan destructivas como aquellas que consideramos sumamente dañinas. Así que es imposible enumerar el potencial número de ídolos a nuestra disposición, igual que su increíble diversidad. Sin mencionar su potencial para seguir creciendo en una sociedad que está amistada con sus ideales y premisas.

Así que toda la sabiduría secular se reduce hasta ahora a tres mentiras: (1) No te fíes de nadie (créate a ti mismo), que redunda en una falsa identidad. (2) Escucha tu corazón (abraza tu verdad), que resulta en una falsa fe. (3) Escapa de la realidad (evita, o medica, tu dolor), que no es otra cosa que un falso dios. Pero existe otra sabiduría. Y hasta lo menos sabio de ella, es mucho más sabio que la nuestra.[35]

---

[35]   I Corintios 1:25

Capítulo 3

No se nos pudo ocurrir a nosotros

"...la formación espiritual tiene menos que ver con erigir un edificio de conocimiento que con el desarrollo de un saber-hacer cristiano que entienda intuitivamente al mundo a la luz del Evangelio".

— James K. Smith
Filósofo y teólogo
canadiense-americano

A propósito de dicho saber-hacer cristiano, ¿recuerdas qué es lo que, según Jesús, distingue al último suelo de los otros tres en la parábola de los cuatro suelos?

¡Entender el mensaje del Evangelio![36]

Todos los terrenos representan cosas distintas, pero todos tienen algo en común. Y es que de cada uno de ellos se nos dice que representa a quienes oyeron el mensaje de la verdad. Así que todos tienen eso en común, que pudieron escuchar; todos tuvieron genuino acceso a la verdad. Pero es del cuarto terreno del único que se nos dice que representa al que, no solo oyó, sino que también entendió la verdad. Ese es el único terreno del que finalmente brota una cosecha. ¡Una gran cosecha! Pero bíblicamente, entender no es solo un acto cognitivo, sino

---

[36]   Mateo 13:23

41

que es sabiduría. Es poner en práctica la verdad hasta que oportunamente ella hace lo suyo en nosotros.

Ser un buen terreno implica, entonces, no ser solo un oidor olvidadizo de la verdad, sino un hacedor de la verdad.[37] Prescindiendo pues de las condiciones de los otros tres terrenos, que siempre terminan rechazando, confundiendo u olvidando la verdad. Y al recibirla y practicarla, poder llegar a beneficiarnos abundantemente de los resultados.

RENUNCIANDO AL PROYECTO YOÍSTA

En el caso del primer terreno, en el que la semilla ni siquiera consigue penetrar su dura superficie[38], llegar a ser un buen terreno va a requerir el renunciar tajantemente al proyecto Yoísta. El pastor Jon Tyson escribe así al respecto:

> "Agustín llamó a esta preocupación por el yo 'Incurvatus'. El amor se encorvó hacia sí mismo. Al comentar sobre esto, Jeff Cook escribe: 'Cuanto más priorizo mi vida, mi bienestar, mi iluminación, y mi éxito, más me alejo de la realidad. Así, los que van al infierno no viajan hacia abajo; viajan hacia adentro, escondiéndose detrás de una masa de vanidad, derechos personales, religiosidad y actitud defensiva. La obsesión por uno mismo es la marca definitoria de un alma en desintegración'. Pablo advirtió que el fin de los tiempos sería terrible porque la gente sería 'amadora de sí misma.'"[39]

---

[37]   Santiago 1:22

[38]   "Cuando alguno oye la palabra del reino y no la entiende, viene el malo, y arrebata lo que fue sembrado en su corazón" — Mateo 13:23

[39]   Jon Tyson. "The Spiritual Progress Your Heart Longs For". Jon Tyson Archive. Accedido el 27 de noviembre de 2024. https://jon-tyson-archive.squarespace.com/jon-tyson-archive/blog-post-title-one-wpmwe-

Así que, lee esto bien: irónicamente el pretender definirte a ti mismo te impide ser tu verdadero tú y termina siendo explotador, injusto, y cruel. Crear una identidad es un proyecto interminable que se ve continuamente amenazado. Es solo cuestión de tiempo, pero tarde o temprano te tragará vivo.

Por eso es por lo que Pablo advierte que tener un concepto de uno mismo que es más alto del que se debe tener está mal. Y es que, debido a mi propio ensimismamiento cada uno de mis problemas se vuelve el más importante del mundo. Haciendo de mi afán una experiencia aplastante.

Curiosamente lo más que necesitamos comprender es que no somos el protagonista de esta historia. Y que en realidad desempeñamos un rol secundario, lo mismo que nuestros problemas. Por lo que tener una autopercepción que se ajusta a esa realidad, está en el corazón mismo de una vida sana y plena. Eso, es vida y paz.

Es cierto, existe tal cosa como un verdadero tú. Pero no nos referimos a características, opiniones, deseos, experiencias y cualidades, que, aunque son cosas importantes, nada de eso en realidad eres tú. Estamos hablando más bien de esa persona que fuiste creada para ser. Nos referimos a la inmensa dignidad intrínseca con la que se te agració al dársete el ser. Y también a aquella relación que es la que en realidad te hace ser la persona que eres — tu relación con Dios.

Ese auténtico tú no es algo que puedas producir, pero sí reconocer y recibir. Para que así, por supuesto que sí, puedas cultivar, e incentivar, todo su potencial para madurar. Porque

---

x6arh-9e4fb-39tjr-h6kmn-g4x9c-t9tgg-f6fh9-psybz-myltd-sks34-fbzc6.
(Traducido con IA.)

no hablo de un tú estático que no pueda crecer, sino de una semilla que se puede desarrollar hasta alcanzar su pleno potencial.

Esa persona afanada en la que este duro mundo te ha convertido no es tu verdadera identidad. El costoso disfraz que otros te quieren vender, y que quieres comprar, o producir por ti mismo, no eres tú. Ese poderoso campo de fuerza invisible con el que te escudas, no eres tú. Es más bien la más reciente forma de esclavitud del ser humano moderno. Y como toda esclavitud, deshumaniza y clama por un libertador. Pero, así y todo, esa es la persona que típicamente aun te piensas ser. Esa es la manera en la que mayormente te presentas al mundo, así como tu principal estrategia de supervivencia. Especialmente de la constante, y punzante, sensación de inconsecuencia.

En un mundo que no es ni la sombra de lo que debería ser, resulta fácil entender el hermetismo con el que nos aferramos a nuestras sofisticadas hojas de higuera.[40] Las que llegan a sernos tan familiares que todos las confundimos con nuestra identidad, sin serlo. Porque no somos esa persona. Pero la verdadera persona se siente tan avergonzada que se oculta y se defiende con garras y dientes, tras un personaje que gradualmente la va reemplazando. Y por eso, nadie la conoce; ni siquiera uno mismo.

Pero esa postura defensiva no es la salida, por tentadora que sea. Escuchar para entender y aprender, no para defenderse, lo es. Por eso la palabra arrepentimiento, que es aquella con la que Jesús introduce su buena noticia, cobra la mayor importancia. Esta viene del griego metanoia y quiere decir

---

[40]   Génesis 3:7

44

cambio de mente; y por ende implica también un cambio de agenda. Lo que tiene muchísimo sentido, ya que poder diferir de uno mismo y conceder la posibilidad de estar equivocado, es donde comienza todo cambio potencial y toda verdadera transformación personal.

Pero, si tener siempre la razón es lo que suponemos nos hará sentir seguros, esto significa que seguimos construyendo una falsa identidad tras de la cual pretendemos escondernos. Un falso yo que nos cobije porque no nos sentimos a salvo aún. Y ese miedo solo puede significar una cosa, que aún no hemos conocido al perfecto amor.[41] Esta es la razón por la que a menudo somos incapaces de revisar nuestras posturas, o de poder siquiera admitir nuestras dudas. Y cuando eso pasa, entonces un viejo enemigo representado antes como engañosa serpiente, llega ahora devorando, cual hambrienta ave, la valiosa semilla que nuestro duro y terco suelo menospreció.

LA COSA MÁS ENGAÑOSA DE TODAS

En el caso del segundo terreno, en el que la semilla no logra profundizar debido a las piedras que le bloquean el paso, llegar a ser un buen terreno implica darse cuenta de que el corazón es engañoso. Por lo que de ninguna manera deberíamos permitirle estar a cargo de definir nuestra realidad inculcándonos ideas falsas. Y aunque tales ideas apenas dejan rastro visible de cuáles son las heridas, y las personas o situaciones de las que proceden tales heridas, necesitas identificarlas y remplazarlas con la verdad. Máxime cuando cada razonamiento defectuoso

---

[41] 1 Juan 4:18

ocultándose en nosotros llega a ser como un enorme edificio. No se trata entonces de una idea pasajera que con solo sacudir la cabeza conseguirás borrar. Son ideas bien arraigadas que se resistirán a irse, cual edificios de sólida zapata. Y es precisamente ese profundo fundamento lo que explica su gran fortaleza. Se trata de ideas que de ninguna manera podrás derribar sin ayuda. Y esa ayuda es una persona. Alguien que hizo algo de tal magnitud que, si llegas a apropiártelo, echará abajo viejos edificios ideológicos que pueblan tu ser. Incluyendo elevadas estructuras construidas hace años sobre las falacias de un sentido común terrenal cuasi religioso. Cuya destrucción será esencial para cualquier discipulado cristiano que se precie de serlo.

Pablo lo puso así, "lleven cautivo todo pensamiento a la obediencia a Cristo".[42] En el Evangelio, dicha obediencia no se refiere nunca al esfuerzo de la naturaleza humana por verse presentable. Ya que tratar de ser aceptado por cumplir la ley, no es buena noticia sino la más cruel esclavitud. La misma de la que el Evangelio viene a liberarte.

Obedecer a Cristo es más bien, escuchar lo que Dios dice por medio del Hijo, darlo por hecho, y hacer lo que corresponde. Y es, por ende, abrazar la realidad que está ahí, como está ahí, porque ciertamente está ahí. Uno no procede a sentarse en una silla, sin dar por hecho que la silla a utilizarse va a sostenerlo. Es decir, uno no se esfuerza al sentarse, uno más bien deja caer todo su peso sobre la silla. Igualmente, la fe oye y obedece; actuando en consecuencia. Y si no lo hace, no es genuina fe.

---

[42]   2 Corintios 10:5

Por eso, si Dios me está diciendo que él me ama incondicionalmente, eso también yo lo puedo obedecer. Obedecer la verdad de ese amor incondicional podría verse en algunas ocasiones como guardar silencio. Por ejemplo, si alguien me critica o contraría, guardar silencio sería entonces una manera concreta de vivir en la realidad. Y de disfrutar así del hecho de que, gracias al amor de Dios, ahora soy libre de la opinión de los demás. Y en vez de seguir reforzando la dura servidumbre de tener que explicarme ante esa otra persona o de tener que convencerla cada vez; estaría reforzando mi preciada libertad. Ya que obedecer a Dios es reconocer que eso que él me está diciendo es la verdad. Y siendo así, lo único que procede es dejar caer libremente todo mi peso sobre esa verdad.

Obedecer es la libertad de vivir en la realidad; y no en nuestra torcida versión de esta. Hacer y experimentar la verdad, y no solo saberla, es lo que nos hace libres.[43] Especialmente porque hacer la verdad es lo que rompe las ataduras de nuestra memoria muscular. No solo la memoria de nuestros músculos materiales, sino también de aquellos espirituales. Porque no basta con aseverar la verdad, hace falta también experimentar el poder efectivo de la verdad practicada, allá fuera en el mundo real. Algo que hago a menudo es darme permiso a mí mismo para actuar la verdad de maneras sumamente prácticas, como por ejemplo — respirar profundamente. Puedo decirme algo como: "respira profundamente Javier, pues ya Jesús hizo tu descanso posible; concéntrate tranquilamente en tu respiración porque ya no necesitas difuminarte en cientos de tareas y

---

[43]   Juan 8:31-32

afanes; descansa porque gracias a Jesús puedes detenerte, en él ya no te falta nada más".

Rick Lawrence, escribiendo acerca de cómo las historias que nos decimos a nosotros mismos determinan la manera en que funcionamos e influencian nuestras limitaciones y posibilidades, dice:

> "Dan McAdams, profesor de psicología en la Universidad Northwestern, llama a esto nuestra 'identidad narrativa': refiriéndose a nuestra propia mitología personal, incluyendo sus giros en la trama, hilos temáticos, héroes y villanos. McAdams dice que nos contamos a nosotros mismos dos narrativas básicas: 1) Historias redentoras e 2) Historias de contaminación. El primer tipo de historia está trasplantada del Reino de Dios, donde la redención no es sólo la misión del Mesías, sino también el latido de la vida. El segundo tipo de historia es exportado y propagado por el Reino de las Tinieblas, donde la misión es 'matar, robar y destruir' (Juan 10:10)".[44]

Entonces, seguirles el rastro a las mentiras hasta identificar su fundamento, y reemplazarlas con la verdad, altera la historia que terminamos contándonos a nosotros mismos. Porque no es lo mismo estar diciéndote "soy una carga para todos", "nunca hago nada bien", "siempre hecho todo a perder"; cosas que jamás le dirías a un amigo, pero que siempre te las estás diciendo a ti; que en su lugar comenzar a decirte la verdad fundamental acerca de quién eres ahora a la luz del evento y de la persona de Jesús.

---

[44]   Rick Lawrence, "Vibrant faith". Why God leaves weeds in our story. (Article - August 10, 2024), (Traducido con IA.)

El ser humano siempre necesitará buscar entender lo que pasa en su vida. La idea de una vida sin sentido nos resulta intolerable. Por eso nos cuesta tanto dejar pasar los espacios en blanco. Esa porción de la narrativa que está desarrollándose en tiempo real ante nosotros pero de la que no conocemos ningún detalle.

"¿Por qué no me saludó?, debe ser porque tiene coraje conmigo". "Fulano me dijo que quiere reunirse conmigo; debe ser porque quiere pedirme cuentas de algo que ni siquiera recuerdo haber hecho; o debí hacer algo que la ofendió". "Mengano no me ha contestado el mensaje de texto; debe ser porque me está ignorando".

Y así nos apresuramos a llenar los espacios en blanco con lo único que en realidad contamos, no con hechos que nos puedan constar, sino con puras conjeturas. No en balde terminamos con tantos malentendidos. Desde lo más trivial hasta lo más significativo está sujeto a ser interpretado. Pero ¿qué pasa cuando dicha interpretación no se alinea con la realidad que está ahí, como tantas veces sucede? Nada bueno. Como piedra que ocupa el lugar que una semilla habría aprovechado. Y al creernos capaces de leer la mente del otro, nuestra destructiva conjetura ocupa el espacio que un humilde "ayúdame a entender" habría aprovechado muchísimo mejor.

Igual ocurre con asuntos aún más serios, como aquellos que implican muchas de las perspectivas y decisiones más significativas y trascendentales de nuestra vida. Todos tenderemos a crear nuestra respectiva versión de la realidad. Y siempre nos inclinaremos hacia aquella versión que nos ayude a quedar en la mejor luz posible.

La parábola del hijo pródigo retrata a un hijo menor que está convencido de que le irá mejor lejos del padre; y que yéndose, lo gasta todo.[45] Mientras que el hijo mayor conjetura que le irá mejor ganándose a su padre por medio de su buena conducta; y quedándose, no gasta nada.

El primer hijo apuesta su vida en conductas cuestionables y el otro en conductas honorables. Uno elige vivir la vida desenfrenada y el otro la vida refrenada. Pero ninguno elige vivir en la realidad, porque no pueden vivir con ellos mismos. Por eso, ambos se esconden de la luz. Y así, el menor será infeliz entre cerdos y algarrobas y el mayor lo será también entre becerros engordados. Ninguno logra reconocer, y menos aún recibir, ni el amor ni la abundancia del padre. Por lo que ninguno florece…hasta que uno de ellos, finalmente, vuelve en sí. Desenmascarando así la cosa más engañosa de todas: su propio corazón.

NUESTRAS HERMOSAS MENTIRAS O LA VERDAD

En Lucas 14:25-35, Jesús ofrece tres vívidas ilustraciones sobre el grave peligro de decidirnos por lo que algunos sociólogos conocen como "la hermosa mentira" de nuestra narrativa preferida, en vez de afrontar la verdad. La primera escena consiste en un albañil que admite no contar con los recursos necesarios para construir su casa. Por lo que, sabiamente, decide evitar poner siquiera el primer ladrillo. La segunda trata acerca de un rey que admite no contar con los soldados necesarios para ganar la guerra. Por lo que, prudentemente, decide

---

[45]   Lucas 15:11-32

no enviar siquiera un soldado y negociar la paz. Y la tercera escena presenta a un negociante que se da cuenta de que su abundante inventario de sal se ha echado todo a perder. Por lo que, sabiamente, elige desistir de todo tipo de uso comercial reconociendo que solo le queda decomisarla.

Las tres escenas aluden a la importancia de venir a cuentas acerca de un déficit que es dolorosamente significativo, pero que al mismo tiempo arrojará luz acerca de la única salida posible. En vez de pretender tratar de convencernos de una hermosa mentira. ¿Cuánto más importante será entonces el venir a cuentas acerca de nuestros infinitos déficits, comenzando con el que más nos avergüenza, nuestro déficit de justicia? ¿Reconocerás valientemente la verdad de tu propio déficit, o lo apostarás todo a que puedes negar su existencia y salirte con la tuya? La buena noticia del Evangelio es que la Justicia de Jesús pasa a ser la nuestra, si lo deseamos. Y cuando esa verdad penetra el subsuelo de tu alma, expropiando toda mentira, será mejor que te prepares para la más abundante de las cosechas.

EL ENCANTO FRAUDULENTO DE LOS ÍDOLOS

Prescindir del tercer terreno implica entender que todo ídolo es un fraude; sin importar cuan grande pueda ser el inmenso número de personas que actualmente les estén sirviendo. Dinámica que no es de extrañar, siendo que aquello que se repite constantemente, no solo programa una respuesta automática, sino que también incita una persuasiva visión de florecimiento. Máxime si la propia cultura circundante ya ha adjudicado dicha idea de florecimiento. Y sabemos que uno se irá convirtiendo, para bien o para mal, en aquello que sea que haya visualizado. Porque así es como se cautiva al corazón, y lo que tenga tu corazón, tendrá tu dinero, energías, tiempo, etc.

Por lo que, afortunadamente, hemos comenzado a entender también que nuestras respectivas villas, aldeas y ciudades, no son meramente espacios neutrales en los que la vida humana transcurre sin mucha novedad. Cada uno de esos espacios, al contar con inmensas y variadas oportunidades para hablarle a nuestra imaginación, en realidad vienen a ser significativas experiencias formativas, poderosas aventuras empresariales de formación espiritual. Y transmiten y esculpen ideas, ideales, narrativas, deseos y cosmovisiones, no solo en nuestra imaginación, sino en nuestros sentimientos, relaciones y aun en nuestra memoria muscular. En otras palabras, todas nuestras aldeas y ciudades terminan dándonos cierta forma, aunque no estemos al tanto de ello.

Históricamente, cada sociedad ha erigido templos a sus respectivos dioses.[46] Hoy, dichos templos incluirían bancos, universidades, coliseos, centros comerciales, teatros, espacios digitales y conglomerados de noticias.

El filósofo y teólogo James K. A. Smith, refiriéndose a la conducta vinculada a dichas estructuras, acuñó el instructivo término de liturgias seculares.[47] Atribuyéndole así a toda clase de actividad pública unas características relacionadas a la devoción religiosa. Esto incluye actividades como saludar la bandera, vitorear al equipo local, ir de tiendas, expresar admiración por un artista, y muchas otras parecidas. Estas comunican símbolos, ciertas nociones del bien y del mal, figuras históricas,

---

[46] James K. Smith, Desiring the Kingdom: Worship, Worldview and Cultural Formation. (Baker Academic, 2009), 9.
[47] Ibid, 24.

52

actos de heroísmo, leyendas y narrativas acerca de la realidad. Y nadie es completamente inmune a su omnipresente y seductora influencia. Se ha dicho, con razón, que "todo el mundo adora, la única elección que tenemos es qué adorar".[48] Aunque elijamos no adorar, la propia "liturgia secular" que respiramos nos hará hacerlo, así sea de forma casual e involuntaria.

Incluso la política partidista de hoy día parecería haberse convertido en una especie de religión, ocupando el espacio y usando las prácticas proselitistas por las que antes eran conocidas las instituciones religiosas. Así que, aunque sea cierto que últimamente la asistencia a las iglesias ha estado mermando, no así la asistencia a otro tipo de reuniones, la identificación con un grupo afín, la participación en algún tipo de misión en común, e incluso el servicio a la comunidad. Y es que lo que antes tomaba lugar exclusivamente con relación a un templo y su misión, se expresa ahora en mítines políticos y en actividades derivadas de la misión de estos. Así que de una forma u otra la ciudad está ávida de proveer lo mismo que las personas acostumbraban a buscar en el templo. Y cada ciudad cuenta con tecnología más avanzada, mayores presupuestos, mejores edificios y más miembros de los que jamás tendrá cualquier institución religiosa en particular.

Ahora bien, mi meta al decirte todo esto no es que dejes de ir al centro comercial o al concierto. Lo que busco es ayudarte a tener en cuenta, igual que lo hace James K. Smith,

---

[48]   David Foster Wallace. "This is Water". David Foster Wallace's 2005 commencement speech to the graduating class at Kenyon College. Farnam Street Media Inc. Accedido el 27 de noviembre de 2024. https://fs.blog/david-foster-wallace-this-is-water/ (Traducción del autor.)

el enorme poder formativo de nuestros hábitos.[49] No solo aquellos que realizamos en privado, sino todos. Y que así puedas comenzar a ponderar qué efecto han estado teniendo en ti todas esas prácticas por tu habitual, aunque a menudo inadvertida, exposición a estas. Por ejemplo, es cierto que el ir a ver una película no te hace promotor de todas sus ideas. Pero todas sus ideas se podrían estar promoviendo en ti.

Una vez escuché a un pastor decir que cuando se ponía a ver películas con sus hijos, le preocupaba su manera sutil, pero al mismo tiempo obvia, de adoctrinamiento. Entonces decidió inventar un juego que les permitiera disfrutar la película sin caer presos de su ideología de fondo. El juego consistía en tratar de identificar aquellas ideas que eran implicadas, o auspiciadas, por la película pero que chocaban de frente con su cosmovisión cristiana, y debían decirlo a viva voz identificándolo así como una mentira. Y aquel que más mentiras identificara era el que ganaba.

Por ejemplo, alguien podría decir algo como "eso que esa persona está diciendo es la idea central de la filosofía del consumismo, ahí está, pero eso es una mentira porque la vida no consiste en la abundancia de bienes que se posea". Y al rato, otra persona podría decir algo como, "lo que está implícito en eso que acaba de pasar en esa escena es la idea central del individualismo, ahí está, pero eso no es más que una vil mentira porque el ser humano es dependiente de Dios e interdependiente uno del otro". Y así subsecuentemente, irían ganando cada vez una mayor conciencia de su visión de florecimiento,

---

[49]   James K. Smith, Desiring the Kingdom: Worship, Worldview and Cultural Formation. (Baker Academic, 2009), 10.

vis a vis la del mundo a su alrededor, rechazando consciente-mente esta última. Además, ni siquiera tuvieron que dejar de ver aquellas películas que querían ver. Recuperando así una parte de la plaza pública del que la liturgia secular se regodea, e incluyéndolo sabiamente en su propia dieta de formación cristiana, en vez de circunscribirse exclusivamente al templo.

TODO ES SAGRADO

Según los 10 mandamientos,[50] todo en la vida es sagrado: trabajo, relaciones, descanso, matrimonio, tiempo, sexo, etc. Así que, contrario a lo que seguramente se te había sugerido, nada es estrictamente secular. Por lo que una fe estrictamente privada será una contradicción de términos. Nuestros valores y creencias se resisten a quedarse en casa. Y lo que sea que cualquiera estime como lo real, lo moral y lo bello, informará su manera de pensar a la hora de caminar en el parque, de cenar en el restaurante y de divertirse el día de juegos. Y también en puentes, avenidas, escuelas, comercios, plazas, etc. La cuestión no es si practicaremos o no alguna disciplina espiritual allá afuera, sino cuáles. Y más importante aún, qué identidad y noción de florecimiento nos inculcarán dichas disciplinas.

Las liturgias seculares terminan siempre creando algunos ídolos. Y, si buscamos en estos ídolos lo que de ninguna manera podrán jamás darnos, tarde o temprano nos pasarán factura. Todas esas liturgias públicas han estado haciendo lo suyo en nuestra visión de florecimiento; y por ende también en

---

50   Éxodo 20:1-17

nuestra identidad. Influyendo continuamente en nuestras decisiones, relaciones, razonamientos, y reacciones. Y cuando comienzas a tener eso en cuenta, más sentido tendrán las cosas y más preparado estarás de cara al futuro. Porque ya no somos bloques de arcilla esperando a ser formados por primera vez. Créeme, ya ha habido mucha formación, y también muchísima deformación, tomando lugar en nuestras vidas. Cobrar conciencia de esto necesita ser parte de cualquier nuevo esfuerzo de formación a emprenderse. Especialmente si este ha de resultar en la clase de vida que verdaderamente alcanza a florecer.

SEGUNDA PARTE:

¿DE DÓNDE VIENES, ADÓNDE VAS?

Javier Gómez Marrero

Capítulo 4

Eso que estamos buscando

*"Por supuesto, hay un tipo saludable de ajetreo donde tu vida está
llena de cosas que importan, no desperdiciada en ocio vacío
o búsquedas triviales".*

— John Mark Comer
Reconocido autor
estadounidense y pastor

"Desafiando a los Genios" fue una comedia televisiva
que la audiencia puertorriqueña amó y auspició por varias décadas. La conformaban tres o cuatro "genios" que, asistidos
por un moderador, intentarían dar con un tema secreto del que
apenas recibirían supuestamente una pequeñísima pista. Y por
supuesto, el televidente conocería de antemano el tema. Durante cada programa y a partir de cómicas ocurrencias, un ge-
nio tras otro se acercaría a dar con el tema casi al punto de la
ridiculez; solo para desviarse crasamente al último segundo. Lo
que hacía risiblemente evidente que de genios no tenían ni siquiera un pelo. La pegajosa frase que se repetía a lo largo de
todo el espacio televisivo era: "¡Eso que estamos buscando...!"
La que, en labios de uno de los genios más famosos del programa, el querido personaje "Mister Bloop", hacía reír a

muchos. Que yo recuerde, los genios nunca dieron con lo que estaban buscando.

Dicen que las comedias más exitosas son aquellas que tienden a reflejar la realidad. Y que las risas demuestran lo mucho que nos vemos retratados en ellas. ¿Será que nuestra propia búsqueda no ha sido tampoco lo genial, ni lo exitosa, que todos desearíamos que fuera? ¿Fue por eso por lo que, según los Evangelios, la primera pregunta que Jesús le lanza a quienes primero mostraron interés por seguirle fue: "¿Qué buscan?".[51] No creo que exista una pregunta que pueda abordar mejor el continuo corre y corre de toda la gestión humana. Debe ser que todos estamos buscando algo, pero no sabemos siquiera qué es eso.

GENTE INSACIABLE

Una de las contradicciones más aparentes de la condición humana es que ni siquiera parecemos saber qué es lo que realmente queremos. Y es que aun cuando creemos que ya lo encontramos, volvemos a sentir esa misma sed que nos impulsó a buscarlo, y casi siempre con más fuerza. La pregunta de Jesús, en muchos sentidos, nos perseguirá durante toda la vida. Y en ocasiones, incluso, nos asustará, ya que pone en evidencia cuán poco nos conocemos a nosotros mismos y a la naturaleza de nuestra sed; y porque no podremos detenernos sino hasta que consigamos saciarla. Y es que una angustiante contradicción existencial nos afecta en la fibra más profunda

---

[51]   Juan 1:38 NTV

de nuestro ser. En las palabras del poeta: "Mi alma tiene sed…en tierra seca y árida, donde no hay agua".[52]

Nuestra nueva normalidad se está caracterizando por personas que se sienten profundamente insatisfechas, y que buscan saciar su sed, donde no hay agua. Esa insaciable búsqueda describe muy bien cada momento que pasamos despiertos. Personas aburridas, ansiosas, deprimidas, crónicamente aisladas, e incapaces de dormir sin la ayuda de un medicamento[53]. Pues, tristemente, ya ha comenzado a describir también aquellos momentos en que no lo estamos, con desórdenes del sueño o simplemente malos hábitos de sueño. Y compartir con otra persona insatisfecha no es la solución.

¿Qué ocurriría si abrazáramos esa otra manera de ser humanos que el propio Jesús inauguró? ¿Qué pasaría si en medio de nuestra vida diaria, aprendiéramos a recibir la gracia de Dios de manera habitual; hasta que vivir según el Espíritu pasara a ser nuestra nueva manera de ser? El mismo Espíritu del que Jesús dijo que sería como río que quita la sed desde el interior del que confía en él.[54] Sobre esto, el evangelista Juan añade una verdad que debió hacer saltar de alegría a los primeros recipientes de su escrito: "Esto dijo (Jesús) del Espíritu que

---

[52]   Salmo 63:1b NTV
[53]   "El 30% de la población joven tiene problemas para dormir. Unidad del Sueño de la Policlínica Gipuzkoa". 16 de marzo de 2023. Accedido el 27 de noviembre de 2024. Https://www.policlinicagipuzkoa.com/noticias/el-30-de-la-poblacion-joven-tiene-problemas-para-dormir/
[54]   "En el último y gran día de la fiesta, Jesús se puso en pie y alzó la voz, diciendo: Si alguno tiene sed, venga a mí y beba. El que confía en mí, como dice la Escritura, de su interior correrán ríos de agua viva. Esto dijo del Espíritu que habían de recibir los que confiasen en él; pues aún no había venido el Espíritu Santo, porque Jesús no había sido aún glorificado". — Juan 7:37-39 NTV

habían de recibir los que confiasen en él; pues aún no había venido el Espíritu Santo, porque Jesús no había sido aún glorificado."[55] Por lo que igualmente deberíamos saltar de alegría también nosotros.

En una entrevista hace años, Dallas Willard compartió que el Evangelio no se trata solamente acerca de cómo podemos estar seguros de ir al cielo al morir, sino de cómo vivir en el cielo antes de morir.[56] Él propuso que, en su forma más simple, el Evangelio es el hecho de que puedes confiar en Jesús. No solo en las ideas de Jesús, sino también en Jesús mismo. La buena noticia es Jesús. No solo aquello que él puede decirnos, darnos y hacer por nosotros, sino su propia persona. Así que por la fe podemos tener acceso a Jesús, aquí y ahora. Y todo comienza por medio de una invitación personal: "Si alguno quiere venir en pos de mí, niéguese a sí mismo, y tome su cruz y sígame"[57].

¿EXISTE OTRA MANERA DE SER HUMANOS?

La ansiedad de la condición humana, a la que Soren Kierkegaard prefiere llamar 'angustia', no discrimina. Y en nuestra búsqueda de alivio, explotamos nuestros recursos, traspasamos nuestros límites, construimos nuestras propias torres de Babel, y procuramos defender nuestras frágiles fronteras personales (y nacionales). Pero a pesar de tantos esfuerzos, la angustiosa situación humana no parece mejorar. ¿Será que las

---

[55]   Juan 7:39
[56]   Dallas Willard. "Catalyst West 2010". Accedido el 27 de noviembre de 2024.Https://www.youtube.com/watch?v=iwXFP1 U7f5U
[57]   Mateo 16:24

religiones del mundo al igual que lo secular o no-religioso (tecnología, entretenimiento, y teorías políticas, económicas, educativas, ideológicas y filosóficas), al final del día son solo las dos caras de la misma moneda de ese insaciable y fallido esfuerzo humano por obtener verdadera paz y seguridad. En el primero (religión) esforzándote más por ser bueno. Y en el segundo (secular o no-religioso) esforzándote más por ser suficiente.

Pero esforzarnos más no parece estar funcionando. Y así, rodeados de problemas, injusticias, y necesidades, sin mencionar la vergüenza que todos intentamos esconder, vivimos a la defensiva, explotándonos a nosotros mismos y unos a otros, e irremediablemente afanados. ¿Qué más se puede esperar de personas asustadas tratando de ponerse a salvo a sí mismas?

Pero ¿existirá otra manera de ser humanos de la que ni la religión ni la no-religión sepan algo? Porque, ni se trata de esforzarte más en ser bueno, ni se trata de esforzarte más en ser suficiente. Y es que, si la que se ocupa o esfuerza es mi humanidad, todo resultará infructuoso (es decir, en muerte); pero si quien se ocupa es el Espíritu, Él hace que todo resulte en vida y paz[58], ya que Él es suficiente en Sí Mismo.

Y esa *otra manera de ser humanos*, en la que el Espíritu nos imparte y nos recuerda lo que Cristo hizo por nosotros, hace que Su carácter aflore naturalmente en nosotros. Se trata de la creación de una nueva humanidad cuya manera de vivir no depende del esfuerzo propio sino de que el Espíritu se ocupe ahora de toda la angustia de la que antes se ocupaba mi carne.

---

58   "…Porque el ocuparse de la carne es muerte, pero el ocuparse del Espíritu es vida y paz." Romanos 8:1-8

Creando Jesús mismo así las condiciones necesarias para que puedas encontrarte a salvo, satisfecho y verdaderamente libre. ¿No son esas buenas noticias?

¿Puedes verlo? La expresión negarte a ti mismo se refiere a que no puedes seguir a Jesús, si continúas dependiendo de tu propio esfuerzo. La Biblia llama a eso andar según la carne. Piénsalo, ponerte a salvo ha sido de lo que ha tratado toda tu vida. Una vida llena de problemas, injusticias, necesidades, incertidumbres y peligros, a lo que se suma toda la vergüenza que intentas esconder. Todos vivimos por ende a la defensiva, explotándonos a nosotros mismos, siendo que ningún esfuerzo será jamás suficiente. Negarte a ti mismo es simplemente poder llegar a admitirlo y dejar de intentarlo. Y es que esforzarte más por salvar tu propia vida solo te llevará a perderla[59].

Así que seguir a Cristo necesariamente requiere dejar de hacer lo que hasta este momento te ha resultado la cosa más natural del mundo, ocuparte tú. Por eso el llamado al discipulado es un llamado a morir. Pero ¿qué es lo que muere? ¿Qué es lo que se te llama a rendir? Todo tu esfuerzo por tratar de sentirte a salvo siendo bueno o siendo suficiente. De ahí surgen nuestros gritos, peleas, envidias, enojos, celos, y afán. ¿Qué otra cosa se podría esperar de personas asustadas tratando de salvarse a sí mismas?

Así que la salida no es la religión pero tampoco es la no-religión, es el Evangelio: Jesús haciendo por mí lo que todo mi esfuerzo por sentirme a salvo jamás logrará. En Jesús ya estoy por fin verdaderamente a salvo. "Lo que ahora vivo en

---

[59]   Porque todo el que quiera salvar su vida, la perderá. Mateo 16:25

mi frágil humanidad, lo vivo confiando en el Hijo de Dios quien me amó y entregó su vida por mí"[60]. Porque, afortunadamente, sí existe otra manera.

NECESITAMOS UN DISCIPULADO MÁS ABARCADOR

La formación cristiana debe tomar en cuenta el daño que ha causado el vivir toda una vida de auto-explotación. Esto incluye los estragos causados al alma y al cuerpo. Pues de no ser así, para todos los efectos prácticos, mucho de lo que más incide en la formación y deformación de nuestra identidad —incluyendo traumas, relaciones, tradiciones, religiosidad, vergüenzas, y demás experiencias— se quedaría sin atender. Lo que sería decisivamente grave. La gente necesita aprender a confiar en Jesús en cuanto a su destino eterno, pero también en cuanto al aquí y ahora. Aprender a morir en Cristo, pero también a vivir en Cristo. Tristemente, hemos estado perdiéndonos mucho de lo que Cristo hizo accesible para aquí y para ahora.

Necesitamos un discipulado que llegue a ser la contraparte de Romanos 12:2, donde Pablo nos exhorta a no adoptar la forma del mundo. Y es que, incluso ahora mismo, nuestra sociedad sigue dándonos su propia forma, y no la del Reino de Dios. Habrá que tener en cuenta, además, que el molde del mundo goza de todos los recursos de este siglo; y se alimenta del mismo miedo que hiciera esconderse a las primeras almas avergonzadas, para que nadie, ni siquiera Dios (si algo como eso fuera posible), pudiera ver su desnudez.

---

[60]   Mi paráfrasis de Gálatas 2:20b

A falta del Evangelio, no tendríamos de otra sino sucumbir a la deformadora influencia del mundo. Pero gracias a la obra terminada de Jesús, a todos los que le reciben y creen en él, Dios les da la potestad de ser hechos sus hijos,[61] y por ende de llegar a ser verdaderamente humanos de nuevo. Ya que, al confiar en su perfecto desempeño acreditado a nuestro favor, el justo Juez del universo nos puede llamar a su vez justos.[62] A nosotros, pecadores arrepentidos que confiamos en su oferta como una que es totalmente cierta. Y es que al acreditarnos por la fe su justicia, eso es lo justo a hacer, declararnos justos, anulando así nuestras más profundas vergüenzas, y ese instintivo miedo a la luz. Nuestras almas ya no necesitan esconderse más. El perfecto amor ha pagado ya nuestras deudas a cabalidad borrándolas así de nuestras cuentas. Nuestro impostor no hace falta, pues estamos completos en Jesús y ya no hace falta guardar las apariencias.

Una de las implicaciones más poderosas del Evangelio, es llegar a conocer por fin la libertad de poder ser, verdaderamente, uno mismo. Y esa verdadera identidad del que se halla ahora en Cristo, fuera del molde de la vergüenza, desconoce totalmente sentimiento alguno de amenaza. Por lo que puede volver a estar desnuda, sin avergonzarse.[63] Eso no significa que no volverá a cometer errores, ni que no necesitará volver a pedir perdón nunca más. Tampoco quiere decir que su desempeño será ahora impecable. Lo que eso sí significa es que su desnudez ya no le avergüenza. Puede admitir sus errores. Puede pedir perdón. Puede reírse de sí mismo. Puede

---

61   Juan 1:12
62   Romanos 3:26
63   Génesis 2:25

prescindir de la afirmación de otros. Y puede tener una adecuada apreciación de sus fortalezas, debilidades y limitaciones. Porque esa persona finalmente se siente verdaderamente libre y a salvo; "escondida con Cristo, en Dios".[64]

Si hay algo que a esta sociedad le urge escuchar es todo lo que el Evangelio enseña sobre el tema de identidad. No existe hoy un tema que sea más importante y relevante que ese, y el Evangelio tiene muy buenas noticias que compartir al respecto.

ASEGÚRATE DE QUE TU LUZ NO SEA OSCURIDAD

Jesús enseña que "nadie enciende una lámpara para luego ponerla bajo la mesa"[65]. El texto paralelo de Lucas añade, "Tus ojos son la lámpara de tu cuerpo. Si tus ojos son buenos, todo tu ser disfrutará de la luz; pero si son malos, todo tu ser estará en la oscuridad. Asegúrate de que la luz que crees tener no sea oscuridad".[66]

Y es que urge asegurarse de que aquella luz que podamos creer tener no sea oscuridad. Pero para llegar a cuestionar lo que habíamos considerado como luz, o sea para poder diferir de uno mismo, vamos a requerir de todo el valor y la honestidad que seamos capaces de reunir. Pues, para nuestro propio detrimento, la humildad no es nuestra postura por defecto. Y es demasiado importante poder admitirlo, pues cuánto más daño hará la oscuridad misma, si la propia luz con la que

---

64   Colosenses 3:5
65   Marcos 4:21-24
66   Lucas 11:34 NVI

pretendo extinguirla es también oscuridad. Sería como intentar apagar un fuego con gasolina.

Sin embargo, a veces parecería que todo se confabula contra nosotros para que hagamos cualquier cosa menos notar nuestra oscuridad. Y ni hablar de cuestionarla. Aunque eso es, precisamente, lo que más necesitamos comenzar a hacer.

Así que la próxima vez que te notes afanado, a la defensiva, y pensándolo todo demasiado. Cuando vuelvas a tener dificultad para quedarte callado o sientas que necesitas tener la última palabra de cada conversación. Cuando quedarte quieto te parezca casi imposible o cuando te comience a dar trabajo hasta respirar, haz una pausa y pregúntate lo siguiente: ¿Qué puede estar pasando adentro de mí, que me hace actuar, o sentirme, así? ¿Qué mentira podría estar provocando esa reacción? ¿De qué cosa me siento tan profundamente seguro(a), que posiblemente debería echarle un segundo vistazo?

Dicha práctica me ha ayudado a detectar algunas falsas identidades y patrones de pensamiento defectuosos que tienden a ser muy prominentes en mi persona. Me refiero a falsas identidades que he utilizado para lidiar con mis miedos. Identidades que incluyen, pero que no se limitan, a siempre verme como el perfeccionista, el impresionante, y el experto. Y me refiero además a falacias como que siempre debo poder explicar lo que sea que esté ocurriendo, o que siempre debo estar al tanto de todo. La fuerte noción de que soy un estúpido, y de que soy una vergüenza, y que para colmo estoy a punto de ser descubierto, es frecuente en un servidor.

Todas esas mentiras me dominan con increíble facilidad, especialmente, cuando me enfrento a cosas como la disonancia cognitiva[67], situaciones o conversaciones ambiguas, gente difícil, conflictos, escenarios nuevos, gente desconocida, etc. Pero, es mentira que debo saber todo. Y es mentira que necesito hacerme responsable de lo que otro es responsable, si habré de sentirme a salvo. En realidad, nunca sabré lo suficiente, ni mucho menos tendré la razón siempre.

Esto significa que mi paz jamás llegará si esta depende de lograr lo anterior. Esa paz podrá llegar solamente cuando el perfecto juez del universo nos pueda llamar justos. Algo que solo es posible al confiar en el perfecto desempeño de Jesús acreditado a nuestro favor. Porque así, la conciencia, finalmente dejará de acusarnos.

Sin embargo, la mentira que has creído por años requerirá algo más que un solo evento de luz para salir. Pues ya sea que la fuerza del hábito se ponga a trastear con tu memoria muscular, o que un trauma haya comenzado a hacer lo propio con tu amígdala cerebral; apropiarse de la recién hallada libertad necesitará tener en cuenta que el cuerpo también recuerda. No en balde Peter Scazzero dice que necesitamos recordar que el cuerpo no es un profeta menor sino un profeta mayor.[68] Y el cuerpo se comunica de varias maneras, como afán, prisa, manos sudorosas, pecho apretado, pesadillas, intestino alterado, mente agitada, "flashbacks", y otras formas de somatización.

Así que aprendamos a reconocer que todos esos síntomas y señales de nuestro cuerpo tienen todo que ver con

---

[67]   Sensación de incomodidad al tener que lidiar con dos creencias contradictorias.
[68]   Peter Scazzero, The Emotionally Healthy Leader. Zondervan, Grand Rapids: Michigan, 2015, 321.

aprender a ser humanos de nuevo a través del poder del Evangelio. Y por eso hay esperanza.

LOS MINUTOS CON EL BALÓN

Asimilar el Evangelio requiere entonces algo más que estimarlo, hará falta también, practicarlo. Es como, aprender a tocar un instrumento, o a jugar un deporte. La teoría siempre será muy importante, pero también lo será nuestro sudor sobre la tecla y la cuerda, o sobre el balón.

Cierta vez escuché a alguien decir que lo que hace la diferencia entre los futbolistas élites y el jugador promedio es la cantidad de minutos que hayan dedicado desde niños a tocar, o a patear, el balón. Y así sucederá también cuando lo que uno busca internalizar profundamente, es el Evangelio. El número de "minutos con el balón", aprendiendo y aplicando el Evangelio, lo decidirá todo. Porque el cuerpo también recuerda. Y ya sea que estemos hablando de un piano, de un balón o de la verdad, la disciplina siempre será lo más determinante. Así que una de las más poderosas implicaciones de eso es que toda disciplina espiritual será también, necesariamente, corporal. Porque el cuerpo nunca se va a contentar con ser un mero espectador.

Por eso, si el cuerpo también recuerda, entonces aquellas disciplinas espirituales que nos ayuden a estar más atentos a Dios eventualmente podrán revertir lo que 'practicar' la postura opuesta, provocó. Y hay algo en esa meta de estar más atentos que está en el corazón de cualquier tipo de formación espiritual. Sea esta cristiana, secular, musulmana, agnóstica o atea. Lo que intento decir es que todos nuestros hábitos nos forman, y terminarán haciéndonos poner nuestra atención en algo o en alguien. Y quiero insistir en eso: todos estamos siendo formados. La única diferencia es si estaremos siendo formados de una manera intencional o accidental. Y la pregunta es obligada, ¿qué cosa tiene toda tu atención?

Por eso Jesús acentuó su sermón del monte con las palabras: "Busquen primero el reino de Dios y su justicia, y todas las demás cosas les serán añadidas".[69] Porque, así como el cuerpo aprendió antes el afán, buscando primero todas las cosas que necesitábamos; ahora podemos enseñarle también al cuerpo a aprender la fe (y por ende a desaprender el afán), buscando primero el Reino de Dios y su justicia. Y buscar primero no es sino enfocar o poner toda la atención. Lo que requiere un alto grado de intensidad, y también de intencionalidad. Atención que hoy parece diluirse entre los miles de alternativas que ofrece el mundo actual. No es casualidad que la columna vertebral del actual modelo de negocios sea precisamente esa: tu atención. En muchos sentidos, la nueva divisa mundial es nuestra atención.

> "La máxima 'cuando las cosas son gratis, el producto eres tú' se ha convertido en un axioma fundamental en la era digital. Esta frase encapsula la realidad de que muchos servicios y productos digitales que se ofrecen de manera gratuita, en realidad, monetizan a sus usuarios mediante la recopilación y venta de sus datos personales, sus hábitos de uso y su atención publicitaria. Esta práctica ha sido común en redes sociales, motores de búsqueda y aplicaciones gratuitas, donde el acceso libre al servicio se intercambia por una vasta

---

[69]   Mateo 6:33 NTV

cantidad de datos que las empresas pueden comercializar con terceros o utilizar para publicidad dirigida".[70]

Ciertamente la lucha campal que ahora mismo se está llevando a cabo por atrapar tu atención, incluso por acaparar algunas de las horas que dedicas a dormir, no tiene precedentes. Pues en realidad tú y yo somos el producto que mueve a esa nueva economía. Como resultado, a diario nos difuminamos entre una absurda infinidad de opciones. Así que, con toda la sensibilidad que mi sentido de urgencia me lo permite, debo preguntarte algo que lo definirá todo: ¿qué es lo que estás buscando primero?

---

[70]   11 de junio del 2024. Cuando las cosas son gratis, el producto eres tú. Artículo de Pure Marketing. Accedido el 27 de noviembre de 2024. Https://www.puromarketing.com/44/213960/cuando-cosas-gratis-producto-eres-pero-ademas-pagaras-serlo.

Capítulo 5

Una identidad que no sea frágil

"La historia que te dices a ti mismo sobre ti mismo es la más importante de todas".

— John Ortberg
Escritor, conferenciante
y pastor estadounidense

Antes del comienzo del ministerio público de Jesús, antes del primer sermón, antes del primer milagro, antes de la primera parábola, vemos a Jesús siendo bautizado por Juan, en un espectacular comienzo. Los cielos abiertos, el Espíritu de Dios descendiendo sobre Él, y una voz de las alturas con una poderosa afirmación: "Este es mi hijo amado quien me produce gran gozo".[71] Y enseguida, un desierto. Escenario en el que tomaría lugar un decisivo encuentro de poder con el mismísimo padre de la mentira.

El desierto representa muy bien nuestra vida en el exilio. Ese estado post-paraíso en el cual hemos perdido todo sentido de dirección. El desierto consigue retar nuestra capacidad de supervivencia y por ende nos pone también frente a nosotros mismos. Cuarenta años estuvo Israel en un desierto,

---

[71]   Mateo 3:17 NTV

cuarenta días estaría Jesús. Pero ni Israel, ni Jesús estuvieron allí solos. Dios estuvo allí; y alguien más.

En el desierto, tanto Israel como Jesús enfrentarían sus más serias tentaciones. En resumen, delicadas y atractivas sugerencias de aparente inocencia, acerca del inmediato curso a seguir. Y allí pudieron verlas por lo que en realidad eran — trampas demoníacas, mortales invitaciones atractivamente disfrazadas de vida y de virtud, falsas soluciones que cuestionaban las palabras de Dios. Todo caería en su justa perspectiva, en el desierto.

Pero ¿y qué de nosotros? ¿Qué es lo que esta vida fuera del Edén ha puesto al descubierto sobre nosotros mismos para ser visto por todo aquel que esté dispuesto a reconocerlo? Debilidades escondidas, doble ánimo, dudas acerca de nuestra identidad, una vida sin norte magnético, una tendencia al escapismo o a tomar atajos, y una profunda sed que nada consigue saciar. Afortunadamente Dios también está en nuestro desierto. Pero no hay que olvidar que también está alguien más.

No es casualidad que lo que Satán le dice a Jesús en su decisivo encuentro en el desierto sea "si eres el hijo de Dios".[72] Porque esta lucha en el exilio, al final del día es una lucha por la propia identidad. Jesús no había acabado bien de escuchar la afirmativa voz del Padre llamándole Hijo amado, cuando la denigrante voz de su enemigo ya lanzaba el más vil ataque contra esa misma afirmación de su identidad.

Tú y yo podríamos acusar al diablo de cualquier cosa menos de ser un mal estratega. Ya que todo en nuestras vidas pende precisamente de nuestro sentido de identidad.

---

[72]   Mateo 4:1-11

Hipotéticamente hablando, si él hubiera conseguido que la identidad de Jesús se tambaleara, así fuera levemente, entonces lo tendría justo donde quería. Después de todo esa ha sido siempre su principal forma de ataque. Y sigue siéndolo.

SI ERES HIJO DE DIOS

En un mundo donde eres lo que haces, o lo que consigas estudiar o ahorrar, o lo que otros piensen o no de ti; no hay nada más vulnerable que el sentido de identidad. En una sociedad donde la vergüenza se sirve como desayuno todos los días, pero también como almuerzo y como cena, urge venir a cuentas con quién eres realmente. Máxime en una cultura globalizada obsesionada con ponernos etiquetas. Y da igual si son buenas o malas etiquetas porque nadie debería ver reducida su identidad a eso.

"Si eres el hijo de Dios convierte esas piedras en pan".[73] Pocas cosas dañan tanto al alma como tener que demostrar quién eres. Pues como ya habíamos visto, hacer del desempeño la medida de todas las cosas es una fórmula para el desastre. Fórmula que ha sido utilizada consistentemente a lo largo de toda la historia. Y la continua demanda de que convirtamos nuestras piedras en pan, sea por parte de gente conocida o desconocida por igual, con el paso de los años solo irá en aumento. Especialmente en el caso de aquellos a quienes servimos en alguna capacidad y también de aquellos a quienes llamamos familia.

---

[73]   Mateo 4:3

Los roles que nos repartimos en la sociedad definirán el tamaño de las piedras, su cantidad y también su frecuencia. Pero de todos modos tendrás que intentar transformar algunas piedras, aunque sean piedrecitas. Y a la postre tú mismo te echarás también una buena parte de esa carga sobre tu propia espalda. Sin mencionar la elevada expectativa acerca de la calidad del pan que todos esperan al otro lado del milagro.

Por si fuera poco, esa misma tentación asumirá a menudo más de una forma. Lanzarse desde el pináculo del templo,[74] es solo otra forma de pretender usar nuestro desempeño para definir nuestro valor o medir nuestra vida, pero ahora a través de la recurrente tentación de lucir impresionantes. Y es de esperar, pues llevamos toda una vida siendo entrenados por la sociedad para tomar la opinión del otro como referente de nuestro lugar en el mundo. Condenándonos así a tratar de llenar todo tipo de expectativas. Lo que de por sí ya es una larga y pesada cadena de llevar. Cuanto más si se trata de expectativas injustas e irreales. Por eso la buena noticia del Evangelio es especialmente relevante para todo aquello concerniente a la identidad. Ya que el Evangelio enseña que la verdadera identidad no es algo que estamos llamados a producir sino a recibir. Nuestra identidad resulta del llegar a existir. Por eso, la dignidad humana es intrínseca, no depende de legislación alguna, ni de constructo social alguno. Por lo que jamás está supuesta a depender de nuestro desempeño.

Podríamos decir entonces que nuestra verdadera identidad es un regalo, tanto en virtud de nuestra creación como de nuestra redención. Se trata de algo que recibimos y no de algo

---

[74]   Mateo 4:5-6

que producimos por nosotros mismos. Por eso es permanente y nunca pierde lustre, por más cubierta de lodo que esté. Y es que primero somos y luego hacemos. Entender eso cambiaría totalmente el terreno de juego. Lo que hago no determina lo que soy. Es más bien todo lo contrario: lo que soy determina lo que hago. Y como no llegamos aquí por nosotros mismos, necesitamos que quien nos puso aquí nos diga quiénes somos. Todos necesitamos escuchar al Padre afirmar alto y claro cuál es nuestra verdadera identidad. Algo que en efecto Él ha hecho decisivamente en, y a través del, Evangelio.

EL PODER DE LAS PALABRAS

Cuando no escuchamos, o no aceptamos, esta decisiva afirmación del Padre, entonces nos pasaremos la vida entera buscando escucharla en muchas otras personas (y en las falibles palabras de estas). Eso explica mucho de mi dolor, y del tuyo. Pero entiende esto bien — ¡Dios no se ha quedado callado! Él quiere que sepas quién eres.

"Este es mi hijo amado en quien tengo complacencia".[75] Jesús escuchó a su Padre decir esas palabras antes de comenzar su ministerio y no después, por al menos una muy buena razón. Porque su identidad no resultaría ni dependería de su desempeño. Y por supuesto que el amor del Padre tampoco. Esas poderosas palabras sostuvieron a Jesús mucho más de lo que comer pan lo hizo. Y esas mismas palabras, en efecto todas las palabras del Padre están supuestas a sostenerte igualmente a ti. Hay vida, seguridad, y verdadera nutrición, en llegar

---

[75]   Mateo 3:17

a saber de labios del Padre Eterno quién eres realmente. Pero a falta de dicha afirmación, obtendrás un mundo como el que ves a diario, donde otras palabras pretenden poder hacer el trabajo de aquellas que fueron responsables de crear al cosmos. Y sino, donde otras palabras buscan destruir a todo lo que queda de ese cosmos, incluyéndonos.

El primer grupo de palabras lo conforman todo tipo de esfuerzo humano por nombrarnos y afirmarnos. Y el segundo grupo lo conforman todo tipo de esfuerzo humano por darnos sobrenombres y difamarnos. Las primeras no poseen lo que se necesita para establecer un fundamento permanente para la identidad. Y las segundas no poseen lo que se necesita para destruirnos permanentemente. Porque ninguna de esos dos tipos de palabras es tan poderosa como las palabras de Dios. Por eso ningún título, logro académico, ni plaza de trabajo debe confundirse jamás con tu nombre. Posiblemente te dedicas a eso, o estudiaste eso, pero eso no eres tú. Y esa distinción es verdaderamente importante. Y por eso mismo, todo sobrenombre, epíteto o expresión despectiva con la que se te haya querido dañar o maldecir, es anulado y contrarrestado por lo que Dios ha dicho sobre ti al ponerte nombre.

Hace poco me hicieron abuelo (2 veces en el lapso de un año) y no puedo exagerar la alegría que ha traído a mi vida esta nueva etapa. Pero antes de que nacieran mis nietos (Noah y Timoteo), varias personas comenzaron a preguntarme qué nombre me gustaría ponerles, o si tenía alguna sugerencia para dársela a mis hijos.

¿Mi respuesta?, sencilla y contundente: 'Tuve cuatro hijos, y por ende gocé a saciedad del hermoso privilegio, y de la augusta responsabilidad, de ponerles nombres (junto a mi amada esposa Evelyn). Ya no me corresponde volver a poner nombres. Así que con gran alegría llamaré a mis nietos como mis hijos decidan nombrarles. No tengo para ellos ninguna sugerencia. Ahora es su turno al bate.'

Otra vez, ninguno de nosotros llegó aquí por sí mismo. En realidad, se nos puso aquí. Nadie puede nombrarse a sí mismo, salvo uno, Aquel que existe en sí mismo y por sí mismo. Aquel que eternamente se nombró a sí mismo como: "Yo Soy el que Soy".[76]

Todas las criaturas reciben nombre, incluyéndote a ti. Y aunque a muchas personas les gustaría ponerle nombre a este servidor —y en efecto a menudo lo hacen, frente a mí y a mis espaldas— lo cierto es que ninguno tiene ni el derecho ni la capacidad para hacerlo bien. Todo intento humano por nombrarme deja algo fuera, reduciéndome así a algo menos de lo que en realidad soy. Solo Dios tiene, tanto el derecho, como la plena aptitud para hacerlo bien.

"Este es mi hijo amado, estoy muy complacido con él".[77] La importancia de la verdad evangélica de que Dios me da mi nombre, no tiene parangón. Mi verdadera identidad la recibo exclusivamente de Él.

EL LUGAR DE LOS DESEOS

La idea, tan en boga hoy día, de que nuestros deseos deberían definirnos, no es nueva. Y sin embargo, el aparente consenso cultural al respecto no tiene precedentes. La mayoría

---

[76]   Éxodo 3:14
[77]   Mateo 3:17 NVI

parece suponer que el mero hecho de sentir un deseo es justificación suficiente para exteriorizarlo; y que ese deseo es idéntico a él o ella. Confundiendo al deseo con nuestra identidad. Pero temo que dicha forma de pensar nos ubica en un mundo donde la vida sería no solo insostenible sino ininteligible.

Además, si tu deseo terminara gobernándote y definiéndote, entonces habría que preguntarse: ¿cuál de todos esos deseos en conflicto dentro de ti serás tú? Porque muchas veces deseas lo que aborreces, y otras veces ni siquiera sabes lo que realmente deseas. Lo que te podría llevar a lugares que habrías preferido nunca visitar.

Las palabras de Dios a Caín, en medio del profundo enojo que le hacía desear la muerte de su hermano Abel, son sumamente relevantes en ese respecto. Quizás no exista un pasaje en la literatura universal que describa mejor la dinámica que pretendo traer a tu atención acerca del deseo.

Dios le advierte a Caín: "Serás aceptado si haces lo correcto, pero si te niegas a hacer lo correcto, entonces, ¡ten cuidado! El pecado está a la puerta, al acecho y ansioso por controlarte; pero tú debes dominarlo y ser su amo".[78] La imaginería es acerca de un león al acecho tras de una puerta, de la que solo Caín tiene potestad para abrirla o para mantenerla cerrada. La realidad de la existencia del "león al acecho" no anula nuestra capacidad para actuar. En realidad, la hace mucho más urgente. Nuestra acción sobre esos deseos es necesaria por nuestra propia seguridad.

Nuestros deseos ciertamente tienen su lugar, y Dios no tiene problema alguno con nuestros deseos, salvo cuando, en

---

[78]   Génesis 4:7 NTV

primer lugar, nuestros deseos están en el orden equivocado y cuando, en segundo lugar, son muy débiles. Lo primero es cuando hacemos a un deseo la fuente de nuestra identidad, seguridad y afecto, en vez de un placer que está bien que disfrutemos en su debido lugar; y es que después de todo ¡Dios inventó el placer! Y lo segundo es cuando llegamos a conformarnos con extrema facilidad.

C.S. Lewis escribió al respecto:

"Parecería que Nuestro Señor encuentra que nuestros deseos no son demasiado fuertes, sino demasiado débiles. Somos criaturas tibias, jugando con la bebida, el sexo y la ambición cuando se nos ofrece una alegría infinita, como un niño ignorante que quiere seguir haciendo pasteles de barro en un barrio pobre porque no puede imaginar lo que se quiere decir con la oferta de unas vacaciones en el mar. Estamos demasiado fácilmente satisfechos".[79]

Así que mis deseos no son intrínsecos a mi identidad. Y estos tampoco predeterminan lo que debo hacer. El que yo quiera o pueda hacer algo no significa que necesariamente deba hacerlo, o que me convenga hacerlo. Significativa distinción que subraya también la enorme importancia de aprender a conocernos mejor a nosotros mismos y a nuestros deseos. Lo que nos posiciona para poder discernir la diferencia entre lo que quiero, lo que puedo y lo que debo hacer. Pero especialmente para poder discernir también entre nuestra verdadera identidad y aquella que no lo es.

---

[79]   C. S. Lewis, El peso de la gloria y otros discursos. (New York: Harper One, 2001), 26.

MIRÁNDONOS FRENTE A UN ESPEJO

Las pruebas para evaluar la personalidad son herramientas que nos ayudan a adquirir una mayor conciencia de nuestras reacciones y respuestas por defecto, así como de nuestras habilidades, fortalezas y áreas de crecimiento. La única advertencia para tener presente es que, según mi parecer, casi todas esas herramientas en realidad son un retrato de nuestra falsa identidad y no necesariamente de la verdadera.

Lo pongo así, lo que esas pruebas típicamente logran identificar son aquellas aptitudes y fortalezas que hemos estado utilizando como nuestras principales estrategias de supervivencia en un mundo que es desalmadamente peligroso y competitivo. Y es que, a falta del Evangelio, todos tendremos que recurrir nada menos que a nosotros mismos, con miras a tratar de salvar nuestra propia vida y la de aquellos a quienes amamos.

Y por supuesto que sí que mucho de lo que es innato en nosotros sale reflejado en los resultados de esas pruebas. Así que no se trata de que esos hallazgos sean falsos en ese respecto. Lo que ocurre es que lo que siempre termina tomando tu lugar en la forma de una falsa identidad es esa particular manera en la que, a raíz de tus miedos y vergüenzas, aprendiste a usar a todos esos descriptores para tratar de obtener lo que solo Dios puede darte — seguridad, afecto y significado. Y es precisamente por eso que todas esas características sobre utilizadas afloran tan obviamente en tus resultados de avalúos. Ya que, en su conjunto, estos descriptores conforman tu principal estrategia de supervivencia en medio de nuestro severo, y aplastante, exilio.

Así que la ventaja de poder reconocer cuál es tu perfil dominante es que ahora puedes saber con precisión a qué reacciones, respuestas, y estrategias necesitas morir. Lo cual es tremendamente práctico. Recuerda, la invitación de Jesús es a que procedas a asirte de su perfecto desempeño acreditado a tu favor, de su abundante provisión, y de su infinita ayuda sobrenatural; negándote a recurrir a tu propio desempeño y a tus limitadas fuerzas humanas como salvavidas.

Y por eso, la próxima vez que te encuentres a ti mismo frente a aquel perfil que te haya arrojado una prueba de personalidad, pausa por unos momentos y recuérdate a ti mismo que ese retrato frente a ti no eres necesariamente tú. Es cierto que hay mucho de tus capacidades y fortalezas retratadas allí, pero eso no eres tú. Tú puedes ser rápido, inteligente, bueno con los números y extrovertido, pero eso no eres tú. Esas son algunas de las herramientas que Dios te dio. Destrezas que has estado sobre utilizando por algunas décadas ya. No te estoy pidiendo que las menosprecies ni que las descartes. Lo que sí te estoy invitando a hacer es a descubrir cuál es la manera principal en la que estás echando mano de esas aptitudes, características y fortalezas para sentirte a salvo. Y que aprendas a reconocer de qué maneras ha estado funcionando el miedo como el principal detonante de tu perfil de personalidad. Específicamente al tratar de llenar por ti mismo tu necesidad de seguridad, afecto y significado.

Ese perfil no es tu identidad medular sino tu identidad artificial predominante. La misma a la que no debes ir por ayuda la próxima vez que te sientas inclinado a hacerlo. Es a esa falsa manera de ser a la que necesitas aprender a morir, o a crucificar, para así aprender a recibir exclusivamente de Jesús todo lo que necesitas; en vez de seguir explotándote a ti mismo intentando recibirlo de tu propia carne.

A continuación algunas pruebas de personalidad, o avalúos, muy conocidos:

1. El eneagrama©: este avalúo propone nueve arquetipos a partir del respectivo mapa de características y patrones de pensamiento, sentimiento y comportamiento. Los nueve arquetipos son: el reformador, el ayudador, el triunfador, el sensible, el investigador, el leal, el entusiasta, el desafiador, y el pacificador.

2. Core Strengths© (Strengh Deployment Inventory - SDI 2.0): Este avalúo, en vez de enfocarse en qué hacemos, nos ayuda a entender por qué nos comportamos como lo hacemos y cómo nos relacionamos con los demás. Se enfocan en entender mejor al otro para acercársele de manera no amenazante etc.

3. Strength Finder©: Este avalúo mide la intensidad de tus talentos en cuanto a 34 temas de los así llamados Clifton Strengths, que en realidad representan aquellas 34 cosas que las personas hacen mejor. Se agrupan en cuatro categorías: ejecutar (triunfador, acomodador, creer, consistencia, intencionalidad, disciplina, enfoque, responsabilidad, restaurar); influenciar (activador, mandar, comunicar, competir, maximizar, seguro de sí mismo, significativo, temor); construir relaciones (adaptabilidad, desarrollador, conectividad, empatía, inclusivo, armonioso, individualización, optimismo, bien llevados), y pensar críticamente (analítico, contexto, futurista, ideación, input, aprendiz, intelectual, estratega).

4. Dieciséis Personalidades©: Este avalúo mide cinco rasgos de personalidad. Introvertido versus Extrovertido.

Práctico versus Imaginativo. Lógico versus Emocional. Planificador versus Espontáneo. Asertivo versus Consciente de sí mismo. Esos cinco rasgos resultan en treinta y dos combinaciones posibles que se organizan en dieciséis perfiles. Estos son: arquitecto, lógico, comandante, innovador, abogado, mediador, protagonista, activista, ejecutivo, embajador, logística, defensor, emprendedor, animador, virtuoso, y aventurero.

Podría seguir compartiéndote acerca de muchos otros avalúos, pero creo que ya puedes tener una idea. La buena noticia es que llegar a conocer cuáles son las maneras en que respondes ante los problemas, el peligro y el miedo, te permitirá ponderar si quieres seguir haciéndolo así o si existe otra manera que haya estado evadiéndote hasta hoy.

Así que, la próxima vez que te escuches decirte a ti mismo: "tengo que_____", o que estés aprensivo, pensándolo todo demasiado, a la defensiva, o afanado con muchas cosas; detente en seco, y pregúntate, ¿qué falsa identidad llevo puesta? ¿Por qué me siento amenazado? ¿Qué cosa pienso que necesito, que gracias a la cruz, y al amor que así Dios ya demostró sentir por mí, en verdad ya no necesito? ¿Qué aptitud y fortaleza de mi amplio arsenal carnal o humano pretendo seguir sobre utilizando para tratar de sentirme a salvo, pero que, gracias a Jesús, ya no necesito seguir usándola así? Ya estoy a salvo, ya he sido llamado justo por Aquel que es el juez justo de todo el universo.

Todo mi apuro en realidad es vergüenza. Se trata de mucho más que de estrés, y es mucho más que la mera memoria muscular. ¡Es vergüenza! Es una identidad asustada gritándome que haga algo para ayudarla a ocultarse. ¡Algo!, lo que sea, y necesita ser rápido. Incluyendo el disfrazarme, ser impresionante, lucir mejor que el otro o la otra, evadir la atención o si no, buscar la atención, etc., etc.

Ese grito es imposible de ignorar. Y mi memoria muscular solamente le hace eco. Pero esa vergüenza solo Cristo consigue hacerla obsoleta y lo hace con su perfecto desempeño acreditado a mi favor. Silenciando ese estridente grito acusador oculto tras todo mi apuro. Solo una cosa consigue eliminar a ese grito. Solo algo es realmente necesario: ¡Jesús! Confiar en Él, descansar en Él, y permanecer en Él.

Entonces, ahora que sabes eso, ¿qué conducta comenzarás a dejar de excusar tan rápidamente con ese clásico "es que yo soy así"? No es cierto, tú no eres así. Tu identidad falsa es así, pero tú no. Así que ayudaría mucho comenzar a preguntarte, ¿qué vergüenza escondes tras de toda esa competencia profesional?, y ¿cuál dolor? Créeme, tu salida no se encuentra en tratar de ser aún más competente; pues siempre te quedarás vergonzosamente corto. Tu salida está más bien en internalizar profundamente el Evangelio y encarnarlo. Muriendo así a esa falsa identidad que se sigue tragando cada onza de las pocas energías que te quedan, porque gracias a Jesús, ahora puedes dejar de esconderte.

Sin embargo, todos tus viejos hábitos te seguirán dando pelea. Por lo que antes de ponerse mejor se pondrá peor. Pues la verdadera transformación tendrá que ver siempre con una serie de pequeñas muertes, tras de las cuales y poco a poco, irá emergiendo tu verdadero tú, la persona que realmente fuiste creada para ser.

¿Recuerdas qué ocurre entre Dios y Jacob poco antes de la bendición? Dios le dice: "¿Cuál es tu nombre?"[80] Bueno, y por qué crees que le pregunta eso. Esa es la misma pregunta que le había hecho Isaac, su padre, a un Jacob disfrazado haciéndose pasar por su hermano: "¿Quién eres hijo mío?"[81] Así como ocurriera con Jacob, la bendición de Dios siempre es precedida por una larga lucha cuerpo a cuerpo con Él, porque hacerse vulnerable es la lucha más difícil. Pero Dios no puede bendecirnos con un nombre nuevo, nuestro verdadero nombre, sin que tome lugar primero la difícil admisión, y rendición, de nuestras falsas identidades. Y así, Jacob (el tramposo) recibe finalmente el magnífico nombre de Israel (el príncipe de Dios).

Pero la bendición de Dios implicó algo más: una cojera permanente como recordatorio de su lucha con Dios. En tu caso, si Dios ha de bendecirte y de usarte para bendecir, primero te romperá; pero es para que puedas llegar a apreciar, y así poder aprovechar, su provisión de una salvación que es relevante y gloriosamente suficiente. Esta lucha, es mucho más que simbólica. Y claro que te va a doler. Dios desea despojarte de tu propio Jacob. Y es cierto, ya no podrás correr rápido nunca más. Y sin embargo podrás llegar mucho más lejos. Ya no necesitarás correr ni esconderte. Ahora serás un príncipe de Dios. Igual que Israel, habrás descubierto una verdad profunda y hermosa. La verdad de que es en ese enfrentarte a tu vergüenza, donde más íntima y profundamente conocerás a Dios.

---

80   Génesis 32:27-28
81   Génesis 27:18

Javier Gómez Marrero

Capítulo 6

Un lugar en la mesa

"A veces escuchamos acerca de iglesias que tienen culturas de honor, pero rara vez parecen ser culturas en las que todos reciben honra. La dinámica de poder funciona de tal manera que el honor fluye cuesta arriba hacia los líderes…El honor parece funcionar de forma muy parecida a como lo haría en el mundo. Los más visibles reciben mayor gloria; y los más dotados, mayor atención".

— Jon Tyson
Pastor y autor australiano

El Evangelio de Marcos, que es el más breve de los cuatro relatos canónicos sobre la vida de Jesús fue dirigido originalmente a una audiencia gentil, o sea a gente que no era judía. Lo sabemos porque Marcos dedica buena parte de su limitado espacio a explicar las particularidades de las costumbres judías a las que alude y también porque, además de escribir su obra en griego, tradujo a dicha lengua toda palabra que cita en arameo.[82] Por lo que podemos concluir que aquellos relatos en los que Jesús aparece ministrando en territorio gentil debieron ser de profundo significado para la audiencia original de Marcos. Y por ende, deberían serlo también para nosotros; gentiles

---

[82]   Como fuera en el caso de la palabra aramea — Efata, que Marcos traduce al griego como ábranse (ver Marcos 7:34)

igual que ellos. Destacándose por ejemplo el relato de aquella segunda multitud alimentada por Jesús milagrosamente.[83]

Marcos había registrado anteriormente que la primera alimentación milagrosa alcanzó a más de cinco mil personas y que tomó lugar en el territorio de Israel. En este evento se recogieron doce[84] canastas llenas de la comida que sobró, lo que es equivalente al número de tribus de Israel. Sin embargo, en lo que respecta a la segunda alimentación milagrosa, Marcos indica que comieron sobre cuatro mil personas, que los discípulos recogieron siete canastas llenas, y que en esa segunda ocasión el milagro tomó lugar en la región de Decápolis[85]. En esa ciudad vivían siete naciones gentiles, número que equivale al total de canastas recogidas.

Como dice el viejo refrán: "A buen entendedor, pocas palabras bastan". Las primeras doce canastas recogidas, igual que las últimas siete, parecerían estar gritando que hay más que suficiente para Israel, y que hay más que suficiente para los gentiles. Así que hay más que suficiente para todos, por lo que esa sobreabundante provisión universal sería cada vez más evidente, a lo largo de todo el Evangelio de Marcos.

UNA GENTIL SIN CITA PREVIA

El relato de la mujer Siro-fenicia, y de su hija endemoniada viene al punto. Aún si su arribo a escena debió sentirse más bien como una indeseable interrupción. El texto lee así:

---

[83]   Marcos 8:1-10
[84]   Marcos 6:43
[85]   Marcos 7:31

"Levantándose de allí, se fue a la región de Tiro y de Sidón; y entrando en una casa, no quiso que nadie lo supiese; pero no pudo esconderse. Porque una mujer, cuya hija tenía un espíritu inmundo, luego que oyó de él, vino y se postró a sus pies. La mujer era griega, y sirofenicia de nación; y le rogaba que echase fuera de su hija al demonio. Pero Jesús le dijo: Deja primero que se sacien los hijos, porque no está bien tomar el pan de los hijos y echarlo a los perrillos. Respondió ella y le dijo: Sí, Señor; pero aun los perrillos, debajo de la mesa, comen de las migajas de los hijos. Entonces le dijo: Por esta palabra, ve; el demonio ha salido de tu hija. Y cuando llegó ella a su casa, halló que el demonio había salido, y a la hija acostada en la cama".[86]

Marcos dice que el propio Jesús intentaba pasar desapercibido por aquellos lares. Así que las probabilidades que tenía aquella atribulada mujer de acceder a la ayuda que tan desesperadamente necesitaba, eran mínimas. Y las palabras de Jesús a su ruego, solo parecen confirmar lo dicho; ya que él enseguida le dice: "no está bien"[87].

Pienso que la clave para entender una de las maneras de proceder más extrañas en la vida de Jesús, está precisamente en la frase "no está bien". Porque la pregunta obligada sería, ¿no está bien, para quién? A veces uno aprende que lo que no está bien para uno, sí está perfectamente bien para Dios. A veces también nos sentimos muy seguros de estar viendo las cosas exactamente como Dios las ve, pero Él nos sale al paso corrigiéndonos en el acto. Esto nos invita a reconsiderar, cuán

---

[86]   Marcos 7:24-37
[87]   Marcos 7:27

alineada está en realidad nuestra forma de pensar con aquellas diecinueve canastas de su sobreabundante provisión universal.

La brillante respuesta de la mujer pone de relieve un significativo dato en el Evangelio de Marcos. Información que de otra manera podría pasar desapercibida. James Edwards comenta que "esta mujer es la primera persona en Marcos, que entiende una parábola de Jesús...el hecho de que la mujer pueda contestarle a Jesús utilizando su misma parábola demuestra que ella ha logrado entender su verdadero significado".[88]

Viéndolo así habría que concluir que esa mujer supera incluso a los propios estudiantes de Jesús. Porque una y otra vez aquellos privilegiados discípulos de Jesús parecían estar todavía a años luz de entender a su amado maestro. Tristemente ellos ni siquiera se dan por enterados de eso. Es más, ellos no parecen poder siquiera comenzar a entretener la posibilidad de estar entendiendo mal a Jesús. Por eso habían sido rápidos en pretender decirle a Jesús lo que él mismo debía hacer con aquella molestosa mujer: "Despídela, porque viene detrás de nosotros gritando".[89] ¿Y acaso no nos estará pasando exactamente lo mismo también a nosotros, sus actuales estudiantes?

La mujer no hace más que escuchar la parábola de Jesús, cuando no solo ya la entiende, sino que encuentra en esta la mismísima respuesta que precisamente necesita para recibir ayuda. Como diciendo, "¿No está bien comer el pan?, pero ¿y qué tal comer las migas?" Y Jesús evidentemente emocionado,

---

[88]   James R. Edwards, The Gospel according to Mark (The Pillar New Testament Commentary). (Grand Rapids: Eerdmans, 2002), 221. (Traducción del autor.)

[89]   Mateo 15:23 NVI

terminaría ovacionándola. Jesús, básicamente le dice: "Mujer acabas de pegar un cuadrangular; ¡buena respuesta mujer!" Tan buena es la respuesta de esta mujer, que no solo consigue arrancarle a Jesús un tremendo aplauso sino también un tremendo milagro. ¿Por qué? Bueno, porque ella acaba de subrayar una verdad que merece toda la atención. Y con eso me estoy refiriendo a las migas que caen de la mesa.

Esta es una manifestación temprana de la misericordia de Dios hacia el pueblo gentil. La misma abundante provisión de misericordia que supuestamente no estaba bien. Se la explica en el Evangelio de Marcos con el sorpresivo desenlace de un altamente improbable encuentro, entre Jesús y una persona gentil, a la que le amanece el Evangelio. Una mujer sirofenicia de la que ni siquiera conocemos su nombre. Alguien que, según los supuestos expertos varones judíos estudiantes de Jesús, era la persona menos calificada para hacerlo. Una mujer, que para colmo, ni siquiera era judía.

Dios piensa muy distinto a nosotros. ¡Tú y yo vemos tan poco! ¡Tú y yo escuchamos tan mal! Y como si eso fuera poco, juzgamos muchísimo peor. Pero sígueme, ya que todavía hay mucho más en la fascinante historia de abundancia de esta mujer.

ESTO NO ES UNA PRUEBA

Jesús no está poniendo a prueba a esta mujer. Algo que se ha sugerido a veces al intentar explicar un pasaje, donde a simple vista, Jesús no parece actuar como Jesús. Esto no es una prueba. Esto es el Evangelio rompiendo paradigmas y prejuicios. Esto es el vino nuevo, que va a demandar siempre odres nuevos si se ha de aprovechar el vino.[90] Esto es el "nadie pone remiendo nuevo en vestido viejo"[91], si es que ha de volver a usarlo. Esto es el "oísteis que fue dicho…pero yo os digo".[92]

Todo eso de romper nuestros viejos paradigmas, siempre será bien cuesta arriba. Aún el propio Dios, una y otra vez echará mano de su gran creatividad para ayudarnos a ver lo que a menudo, por la dureza de nuestro corazón, nos cuesta tanto ver. A veces Dios usa una crisis, otras veces Dios usa nuestras pérdidas, y si no, nuestro propio ciclo, o temporada de vida. Pues, todos son eventos que llegan a nosotros infestados de cambios, sean estos leves o sean estos dramáticos.

Sospecho que es precisamente por eso que aparecen acá entonces las migas de Dios. Migas con las que Dios, en consorcio con esta brillante mujer, derrumbará prejuicios milenarios basados en conceptos errados sobre el genuino parecer, y el típico proceder, de Dios. Muchos de los cuales, tristemente, siguen vivitos y coleando.

Por eso, una migaja de la sobreabundante provisión universal de Dios será siempre más que suficiente. Pues, así como el grano de la pequeña semilla de mostaza sembrada, o como la poca levadura que una mujer echa en tres medidas de harina, el Reino de Dios —así pase inadvertido al principio y avance lentamente— es una fuerza imparable. Y es precisamente esa realidad la que empuja y anima a una mujer a retar, así fuera gentilmente, un convencionalismo judío de la época que urgentemente necesitaba serlo. De ahí que ella se anime a decirle a Jesús: "Lo que pido es solamente como una migaja de

---

[90]   Lucas 5:37-39
[91]   Mateo 9:16a
[92]   Mateo 5:43-44

pan". Ella no responde con un: "¿Cómo osas hablarme así Jesús?" Pero ella tampoco se resigna. Algo que yo sí he hecho demasiadas veces en mi vida. Lo que ella básicamente le dice a Jesús es "no te pido esto como si pudiera ganármelo siendo buena o siendo suficiente, te lo pido porque tú eres bueno, y ¡más que suficiente!". Y en el gran escenario de lo que Jesús oportunamente terminaría haciendo por todos nosotros, expulsar a ese demonio sería tan solo como una migaja de pan. Así de poderoso es este Jesús.

Esta mujer verdaderamente entendió. Ella entendió, incluso, mejor que nosotros casi dos mil años después. Acá nosotros leemos prejuicio e insensibilidad y hasta leemos a un Jesús antipático. Pero ella solo ve la sobreabundancia de gracia que hay disponible para todos nosotros. Así que logra comprender que lo que le está pidiendo a Jesús, es solo una miga.

Eso dice mucho del carácter y del inmensurable poder de este Evangelio eterno. Porque por maravillosa que fuera esa migaja de pan para aquella mujer, quien confía en los méritos de Cristo y no en mérito propio alguno, obtiene muchísimo más. Para ponerlo en términos de la parábola, el pan de los hijos. Y nos urge llegar a apreciar eso como algo todavía más valioso que cualquier milagro. El pan de los hijos es muchísimo más. Perdón absoluto de todos tus pecados. Acceso amplio a la mismísima presencia de Dios. Participar de una nueva naturaleza espiritual. Tener al Espíritu de Dios morando en nosotros, guiándonos a toda verdad. La hermosa comunión de los santos. Estar sentado con Cristo en los lugares celestiales, sobre todo poder espiritual ahora y siempre. Sanidad de cuanto trauma y ansiedad nos haya caracterizado. Un rol significativo en la misión de Dios y su ayuda para ello. ¡Hablar con Dios! Y como si fuera poco, la gloria que en nosotros se ha de manifestar después. Eso, sí que es pan, lo demás son migas.

En las palabras del salmista, "aderezas mesa delante de mí en presencia de mis angustiadores".[93] David está diciendo: "Dios es tan poderoso y bueno, que él me prepara un festín de suculentos manjares, ante la impotente mirada de mis enemigos. Mi paz no depende de la presencia o ausencia de enemigos, sino de la presencia de Dios y de la sobreabundante provisión de bondad para mi vida que siempre le acompaña".

Pero demasiadas veces no alcanzamos a ver el festín de Dios que David sí veía; y a raíz de eso nos morimos de hambre y de preocupaciones y de ansiedades crónicas. Todo por no ver ni degustar, como estamos habilitados para hacerlo, el extraordinario manjar de Dios. Tristemente pasamos más tiempo consumiendo el abundante contenido que nos sirven los algoritmos de los medios digitales. Por eso, seguimos llenos de miedos, culpas, enojos, malentendidos, traumas, y lo que es peor — gravemente distraídos. Ocultándonos tras las viejas hojas de higuera que usaron nuestros padres[94].

¿Cuál es tu hoja de higuera? ¿Perfeccionismo, intentas no cometer errores? Rinde tu hoja y descansa. No necesitas ser perfecto, Jesús ya es perfecto por ti. ¿Control, intentas estar a cargo de los resultados para sentirte a salvo? Rinde tu hoja y descansa, Jesús está a cargo ahora. Busca primero la política pública del Reino de Dios, y deja que Dios se ocupe de los resultados. ¿Agradar a todos, intentas ganarte el amor de otros?

---

93   Salmo 23:5
94   Génesis 3:7

Rinde tu hoja y descansa, eres aceptado gracias a los méritos del Hijo de Dios. Has sido incluido(a). ¡Perteneces!

AMOR EN MIL IDIOMAS

Un segundo relato viene al punto en lo que a la sobreabundancia universal contenida en el Evangelio de Marcos se refiere. Se trata de la impresionante sanidad de un hombre sordomudo.

Marcos escribe —

"Volviendo a salir de la región de Tiro, vino por Sidón al mar de Galilea, pasando por la región de Decápolis. Y le trajeron un sordo y tartamudo, y le rogaron que le pusiera la mano encima. Y tomándole aparte de la gente, metió los dedos en las orejas de él, y escupiendo, tocó su lengua; y levantando los ojos al cielo, gimió, y le dijo: Efata, es decir: Sé abierto. Al momento fueron abiertos sus oídos, y se desató la ligadura de su lengua, y hablaba bien. Y les mandó que no lo dijesen a nadie; pero cuanto más les mandaba, tanto más y más lo divulgaban. Y en gran manera se maravillaban, diciendo: bien lo ha hecho todo; hace a los sordos oír, y a los mudos hablar".[95]

Lo que primero llama mi atención, no es tanto la impresionante sanidad que enseguida recibiría el hombre, sino los extraños ademanes de Jesús, momentos antes de sanarlo. ¿Qué es todo eso de meter sus dedos en los oídos, untar saliva en sus dedos, y tocar la lengua del mudo?

---

[95]   Marcos 7:31-37

Te recuerdo que, para poder entender un texto antiguo, siempre nos vamos a enfrentar a la enorme dificultad de salvar la distancia entre el texto y nosotros. Existe la distancia cultural, pero existe también la histórica. Está la distancia lingüística que incluye, por ejemplo, las figuras del lenguaje, entre muchas otras importantes variables que se tienen en cuenta en la comunicación humana. Luego está la distancia religiosa; y súmale a esa la significativa distancia científica. Bueno, a todo eso habría que añadir también una distancia a la que casi ninguno de nosotros está muy acostumbrado que digamos. Me refiero a la sensitiva distancia de la omnipresente diversidad funcional.

Y es que no se ve el mundo igual, ni se le interpreta igual, desde la perspectiva de una persona con diversidad funcional. Porque las perspectivas de la persona no vidente, y de la persona parapléjica, y de aquella en el espectro autista, por nombrar solo algunas, serán necesariamente distintas. Igual ocurre con la perspectiva de la persona sordomuda. Es por eso por lo que fácilmente podríamos pasar por alto mucho de lo que está tomando lugar en este precioso pasaje. No entenderemos, hasta lograr meternos, así sea parcialmente, en la realidad cotidiana de aquel sordomudo.

¿Qué está haciendo Jesús acá? Timothy Keller dice que, "aquellos ademanes no son un abracadabra o algo así. Se trata, más bien, del lenguaje de señas".[96] Jesús buscaba entrar al silencioso mundo de aquel hombre, en todo el sentido de esa frase. Y eso es, nada menos que precioso. Jesús estaba prácticamente diciéndole: "Voy a ayudarte". Cuál no sería su

---

[96]   Timothy Keller, King's Cross: The Story of The World in The Life of Jesus. (Dutton Press, 2011), 93. (Traducción del autor.)

sorpresa, al descubrir, que Jesús también hablaba su idioma. El silencio de aquellos ademanes, entre Jesús y el sordomudo, es para mí ciertamente ensordecedor. ¡Solo Jesús! Con razón aquella gente exclama: "¡Todo lo ha hecho bien!"[97].

¿Qué es el Evangelio? Saber que hay un lugar para nosotros en la mesa. Pero también para aquellos a quienes muchos de nuestros viejos prejuicios dejarían fuera de la mesa. Por eso Dios continúa propiciando todas esas "inconvenientes interrupciones". A veces permitiendo una pandemia, un huracán, una orden ejecutiva, o una decisión que sale mal. Y si no, pues entonces permitiendo un hijo pródigo, o un negocio que no despega, o un conflicto, o unas vacaciones malogradas. Incluso a veces, permitiendo un despido, una relación rota, una crisis, o una profunda decepción. Situaciones que a menudo retarán nuestros prejuicios y suposiciones.

Aprovechar su vino nuevo exigirá siempre odres nuevos. Cambios que lucen tremendamente intimidatorios, con humillantes curvas de aprendizaje. Inconvenientes interrupciones por medio de las cuales Dios continúa llamándonos a eso nuevo que Él mismo está permitiendo y a veces incluso presidiendo. Añadiéndole a menudo, ese incomodo, pero necesario, "oísteis que fue dicho...pero yo os digo".[98]

De eso es que trata ser un verdadero discípulo. Ser discípulo es ser un aprendiz que es continuamente corregido y alentado. Ser discípulo es tropezarse con elaboradas curvas de aprendizaje. Aprender algo es escucharnos decir: "siempre creí esto, y recién descubro que no es así". Ser un estudiante es

---

97   Marcos 7:37
98   Mateo 5:43-44

aprender con Jesús cómo es que funciona el mundo, y también, cómo estamos supuestos a funcionar nosotros.

La equidad y la justicia son valores del Reino de Dios. Demasiado daño se ha perpetrado ya contra gente creada a imagen de Dios. Tristemente parte de ese daño lo han cometido también personas supuestamente actuando en nombre de Dios. Y representándole terriblemente mal, han alejado en el proceso a quienes Dios en realidad solamente desea acercar a sí mismo.[99]

Como pastor deseo ser parte de la solución a nuestros graves males sociales, y combatir decididamente las destructivas mentiras que los propagan. Ciertamente, habría que comenzar admitiendo nuestros propios pecados como sociedad y humildemente pedir perdón a toda persona que ha sido victimizada, ya sea por nuestra acción o inacción. Y es que el primer paso en la transformación de cualquier situación es la admisión de lo que está mal, seguido de un profundo cambio de actitud y conducta con respecto a eso que está mal. Siempre seré el primero en agradecer y celebrar la enorme y continua transformación provocada en mi propia vida por el inmerecido perdón de mis innumerables y bochornosos pecados.

Entiendo, además, que otro paso importante sería producir soluciones que encarnen esa misma inclusividad que defendemos. Acerca de la posibilidad real de dicho consenso me gustaría destacar que, en la oración más famosa de todas, el Padre Nuestro, muchos de nosotros le pedimos a Dios que Venga Su Reino. Oración con la que estamos pidiendo, entre

---

[99]   Juan 3:17

muchas otras cosas, que la justicia y la pureza sean la norma en todas nuestras relaciones.

Imaginen lo que eso significaría para todas las transacciones económicas, relaciones laborales, sociales y familiares en nuestros respectivos países. Pedimos también que llegue el día en que las relaciones internacionales sean generosas y dignas, y que desaparezca todo menosprecio y maltrato contra el vecino y la vecina, así como aquel maltrato cometido contra la niñez, la juventud, la vejez, la mujer, los más vulnerables, las otras etnias y la propia naturaleza, incluidos los animales.

En parte se podría decir que el Reino de Dios no es otra cosa que la maravillosa manera en que sería y se vería el mundo si Dios corriera todo el espectáculo[100]. Y aunque todos no estaremos necesariamente de acuerdo en cuanto a cómo podemos llegar a conformar un mundo más justo, e incluso en cuanto a cada detalle de cómo se vería exactamente ese mundo, al menos concedamos que estamos más de acuerdo de lo que quizás suponíamos acerca de lo deseable que es un mundo más justo.

Por mi parte, quiero hacer todo lo que pueda por crear las condiciones para que más personas tengan la genuina oportunidad de elegir vivir en un mundo así. Es por eso por lo que continuaré predicando el Evangelio, pero también (y debido precisamente al Evangelio) defenderé el derecho que tienen a diferir de mí quienes no piensan exactamente igual que yo.

¿Qué ocurriría si más de nosotros pudiéramos invitar respetuosamente al otro a contarnos su historia, procurando

---

[100]   Una vez escuché esa expresión de un sermón de NT Wright, pero no he encontrado la fuente correcta para dar la referencia completa.

entender mejor su respectivo predicamento? ¿Qué ocurriría si las demás personas pudieran escuchar también, en ese mismo espíritu, nuestra propia experiencia con el amor y el poder del Dios del Evangelio? Aquel que puede redimir todos nuestros sufrimientos, teniendo siempre nuestro mejor interés en mente. El único que puede hacer en, por y a través de nosotros, lo que jamás conseguiríamos dejados a nuestra propia suerte. Ya que, de ninguna manera hemos sido dejados a la merced de nosotros mismos. Esas sí que son muy buenas noticias.

Hay un lugar para ti en la mesa. Y para mí también. Y para todos los que quieran venir. La invitación de Jesús sigue siendo igual de inclusiva, e igual de instructiva. "Si alguno quiere venir en pos de mí, niéguese a sí mismo, tome su cruz y sígame".[101] Jesús habla tu idioma. Él todo lo hace bien, aun si a veces, no se siente así.

---

[101]   Mateo 16:24

Capítulo 7

Una buena vida

"Nuestras carreras, nuestros bienes, nuestros dones naturales y espirituales, nuestra salud, ¿son nuestras posesiones o simplemente los administramos en nombre de Aquel que los dio? Las personas compulsivas las consideran propias; las personas llamadas no. Si aquellos las pierden, sufren crisis importantes. Si estos las pierden, nada sustancial cambia. Su mundo privado sigue siendo el mismo, quizás hasta más fuerte".

— Gordon MacDonald
Pastor y autor Norteamericano

¿Te has detenido a pensar alguna vez en las preguntas que Dios hace?

A Adán: "¿Dónde estás?"[102]

A Caín: "¿Dónde está tu hermano?"[103]

A Jacob: "¿Cuál es tu nombre?"[104]

Al ciego: "¿Qué quieres que haga por ti?"[105]

Al cojo en el estanque de Bethesda: "¿Quieres ser sano?"[106]

---

[102]   Génesis 3:9
[103]   Génesis 4:9
[104]   Génesis 32:27
[105]   Marcos 10:51
[106]   Juan 5:6

A la esclava Agar en el desierto: "¿De dónde vienes, adónde vas?"[107]

A la mujer samaritana en el pozo: "¿Me das un poco de agua?"[108]

A Pedro: "¿Me amas…¿Me amas…¿Me quieres?"[109]

Dios quiere trabajar con la substancia, el verdadero asunto, de nuestras acciones. Él siempre va tras nuestro espacioso y esquivo mundo interior. Auténticas motivaciones, veladas suposiciones, miedos, traumas, deseos, y sueños. A Dios le interesan especialmente nuestros innumerables puntos ciegos. Aquellas realidades que tú y yo ni siquiera sabemos que no sabemos.

Por eso no nos extraña la famosa conversación de Jesús con un joven que, creyéndose muy seguro de su propia pregunta, terminó aprendiendo que, ni sabe qué es lo que está preguntando ni a quién se lo está preguntando. Interesante intercambio que aparece registrado en el primero de los cuatro evangelios. Mateo escribe:

> "Entonces vino uno y le dijo: Maestro bueno, ¿qué bien haré para tener la vida eterna? Él le dijo: ¿Por qué me llamas bueno? Ninguno hay bueno sino uno: Dios. Mas si quieres entrar en la vida, guarda los mandamientos. Le dijo: ¿Cuáles? Y Jesús dijo: No matarás. No adulterarás. No hurtarás. No dirás falso testimonio. Honra a tu padre y a tu madre; y, Amarás a tu prójimo como a ti mismo. El joven le dijo: Todo esto lo he guardado desde mi juventud. ¿Qué más me falta? Jesús le dijo: Si quieres ser perfecto, anda, vende lo que tienes, y dalo a los pobres, y tendrás tesoro en el cielo;

---

[107]   Génesis 16:8
[108]   Juan 4:7
[109]   Juan 21:15-19

y ven y sígueme. Oyendo el joven esta palabra, se fue triste, porque tenía muchas posesiones. Entonces Jesús dijo a sus discípulos: De cierto os digo, que difícilmente entrará un rico en el reino de los cielos. Otra vez os digo, que es más fácil pasar un camello por el ojo de una aguja, que entrar un rico en el reino de Dios. Sus discípulos, oyendo esto, se asombraron en gran manera, diciendo: ¿Quién, pues, podrá ser salvo? Y mirándolos Jesús, les dijo: Para los hombres esto es imposible; mas para Dios todo es posible. Entonces respondiendo Pedro, le dijo: He aquí, nosotros lo hemos dejado todo, y te hemos seguido; ¿qué, pues, tendremos? Y Jesús les dijo: De cierto os digo que en la regeneración, cuando el Hijo del Hombre se siente en el trono de su gloria, vosotros que me habéis seguido también os sentaréis sobre doce tronos, para juzgar a las doce tribus de Israel. Y cualquiera que haya dejado casas, o hermanos, o hermanas, o padre, o madre, o mujer, o hijos, o tierras, por mi nombre, recibirá cien veces más, y heredará la vida eterna. Pero muchos primeros serán postreros, y postreros, primeros."[110]

¿POR QUÉ ME LLAMAS BUENO?

El pastor Carmelo Terranova, quien era oriundo de la Argentina y sirvió muchos años en mi natal Puerto Rico, fue una importante influencia en mi vida y ministerio. Por muchos años pastoreó a su amada congregación local en La Catedral de La Esperanza y a muchos de nosotros que, aún a la distancia, pudimos verle como pastor y mentor.

En mi examen para la candidatura ministerial con La Alianza, Terranova participó activamente como miembro del

---

[110]   Mateo 19:16-30 NTV

Concilio de Ordenación y Credenciales. Todavía recuerdo cuando mirándome me dijo, "Javier, tú no eres un pastor todavía". Y enseguida procedió a recordarme que el propio evangelista internacional Luis Palau, en ocasión de una entrevista en la que alguien le llamó "perito del Evangelio", raudo y veloz este le respondió: "Perrito querrá usted decir. Nadie llega a ser perito de algo tan profundo como el Evangelio".

Terranova fue muy conocido en Puerto Rico por sus dotes como predicador, Dios lo usaba poderosamente. Pero también fue muy conocido entre nosotros por lo que él mismo llegó a llamar como "terranovadas", frases o reacciones que, por lo inesperado y punzante de estas, hacían sentir un poco incómodos a algunos. Claro, que la mayoría de las veces, nos harían un gran bien, aunque en el momento casi nadie lo sentiría así. Terranova podía rayar a veces en lo políticamente incorrecto pero, igualmente genial. Además, acostumbraba a salirse de ese libreto invisible que muchos esperan que se siga rigurosamente. Y, ¡qué mucho me bendijo que se saliera de vez en cuando del libreto! Su famosa manera de pasmar a las personas con alguna elocuente ocurrencia hacía que algunos lo evadieran o como decimos en la Isla, le "sacaran el cuerpo"; aunque muchos, como yo, lo que le sacábamos era una cita para consultarlo.

Pienso que Jesús también hizo mucho uso de su propia forma de terranovadas y también acostumbraba a salirse del libreto. Yo propongo que el pasaje del joven rico fue una de esas ocasiones; y específicamente me refiero a la respuesta de Jesús al saludo del joven: "¿Por qué me llamas bueno?"[111]

---

[111]   Marcos 10:18

No creo que Jesús estuviera concediendo ni por un instante, que él mismo no fuera bueno ni que de alguna manera estuviera incorrecto llamarle bueno. Él solo quería ayudar al joven a que pudiera escuchar un poco mejor su propio saludo. Porque comenzando con ese saludo, en breve todas sus demás presuposiciones serían puestas de cabeza. Y qué mucho bien nos hace cuando Jesús actúa de esa misma manera con nuestras propias presuposiciones, lanzándonos aquella misma mirada de amor.[112]

Casi inmediatamente después, Jesús le dice: "Los mandamientos sabes…"[113] ¿Qué busca Jesús cuando decide dirigir la conversación hacia los Diez Mandamientos? Estoy convencido de que al menos buscaba que los mandamientos hicieran lo suyo. Porque una cosa es conocer los mandamientos, y otra es que los mandamientos te conozcan a ti. Una cosa es leer la Biblia, y otra es que la Biblia te lea a ti. Y juzgar la Ley es una cosa, pero que la Ley te juzgue a ti es otra totalmente distinta. Pues entonces el pedido del joven habría sido otro. En vez de: "¿Qué debo hacer?"[114], le habría más bien suplicado: "¡Ayúdame, por favor, Jesús, ayúdame!".

Tristemente, muchas personas confunden al Evangelio con "¿Qué más tengo que hacer?". Y por eso, unos lo rechazan encontrándolo demasiado difícil, como algo con lo que no quieren tener nada que ver. Y otros terminan practicando el falso cristianismo del "Trata más intensamente", sin llegar realmente cambiar y sin genuina libertad. Siempre faltándoles algo,

---

107   "Entonces Jesús, mirándole, le amó." — Marcos 10:21 RV1960
113   Lucas 18:20
114   Marcos 10:17

solos, inadecuados, escondidos, pero sobre todo cansados y amargados.

John Ortberg escribió:

"¡Llamémosle Hank! Hank va a la iglesia desde niño y hoy está en sus 70. Todos lo conocen, pero en realidad nadie lo conoce. Su esposa no lo soporta y sus hijos apenas sienten libertad suficiente para hablarle. A él no le importan ni los pobres ni los extranjeros, y tampoco le importan todos aquellos que no pertenecen a la iglesia. El colmo es que Hank juzga muy duramente a todos los que sí asisten a la suya. Un día, un anciano en la iglesia le preguntó: "¿Hank, eres feliz?" Sin pestañear y con ceño fruncido, respondió, "Sí". "Bueno" dijo el anciano, "pues entonces díselo a tu Cara". Y es que la apariencia externa de Hank reflejaba una trágica realidad: Cada semana Hank asistía a su iglesia, sin que ello hiciera mella alguna en él. Y he aquí lo más inexplicable de todo: a nadie en la iglesia parecía sorprenderle. Nadie convocó reunión de emergencia de comité alguno para examinar este extraño caso de una persona que no estaba cambiando a pesar de tantos sermones. Nadie estaba esperando que Hank cambiara, así que a nadie le sorprendió que no estuviera pasando. Había otra clase de expectativas en la iglesia: muchos esperaban que Hank no faltara a un culto, y que por supuesto que sí leyera su Biblia, diera dinero y sirviera en algún ministerio. Pero nadie estaba realmente esperando que con el pasar de los meses, los años ¡y algunas décadas!, Hank se transformara en una persona más amorosa y llena de gozo. Por lo que a nadie le chocó que no pasara".[115]

---

[115]   John Ortberg, The Life You've Always Wanted: Spiritual Disciplines for Ordinary People. (Zondervan, Grand Rapids: Michigan, 2009), 28. (Traducción del autor.)

Por eso, Dallas Willard escribió:

"¿Cuántas personas quedan radical y permanentemente alejadas del Camino por culpa de cristianos insensibles, amargados, injustos y pedantes? Y tristemente, cristianos como esos están en todas partes…La espiritualidad erróneamente comprendida y cultivada es una fuente principal de miseria humana y de rebelión contra Dios".[116]

Obviamente, no está supuesto a ser así.

La banda de discípulos, aún desde sus mismísimos inicios, siempre contaría con quienes pasarían por discípulos, sin realmente serlo. Jesús dijo que lucirían como la rama de una vid que no da frutos. Judas, que oportunamente habría de ser cortado de entre ellos, es el clásico ejemplo. A simple vista Judas parecía conectado a Jesús, pero no había nada en él que sugiriera ¡verdadera vida!

Otra vez, el Evangelio produce siempre dramáticas evidencias de auténtica vida en aquel y aquella que lo abraza. ¡No en balde la Biblia lo llama salvación! Y también, nueva vida. En otra ocasión lo llama una nueva creación. Es imposible abrazar el Evangelio, y no comenzar a experimentar vida que es vida a todo dar. ¡Imposible! Escuchar y entender las palabras de Jesús hará siempre lo suyo en uno; es causa y efecto. Algo que muchos, tristemente, ni conocen ni experimentan, aun habiendo supuestamente escuchado esas mismas palabras. Pero es porque en honor a la verdad, por una razón u otra, no abrazan el evangelio y por ende el Evangelio aún no les amanece. Jesús lo

---

[116]   John Ortberg, Laurie Pederson, Judson Poling, Fully Devoted: Living Each Day in Jesus' Name. (Zondervan, Grand Rapids: Michigan, 2009), 16. (Traducción del autor.)

pone así: "Esto es lo que Dios quiere que hagan: que crean en aquel a quien Él envió".[117] Y uno puede pasarse la vida entre creyentes y aun así arreglárselas para no hacer eso, no entender, y mucho menos abrazar, el glorioso sentido de esas maravillosas palabras.

La analogía de la vid verdadera y de sus ramas llenas de fruto,[118] no pretende contrastar a gente conectada a Cristo que da fruto, con aquella gente supuestamente conectada a Cristo que no lo da. Como si algo así fuera siquiera posible, estar genuinamente conectado a Cristo y no dar fruto. Más bien, esta poderosa analogía contrasta lo que es estar auténticamente vivo, con la mera apariencia de vida. Adjudicándole toda la diferencia exclusivamente al hecho de estar conectado a Cristo. Subrayando así el poderoso efecto que el Evangelio va a tener en todos aquellos que lo abrazamos.

Por eso Juan escribe: "Estas cosas se han escrito para que creáis que Jesús es el Cristo, el hijo de Dios, ¡y para que creyendo tengáis vida eterna en su nombre!"[119] Esa rama con frutos habla justo de esa vida. La vida que tú y yo no podemos producir por nosotros mismos ni en un millón de años por más que intentemos. Y ese es el punto. Jesús no intenta amedrentarnos con tal de que nos pongamos para nuestro número y comencemos a producir. Esa vida de fruto requiere más que la mera fuerza de voluntad o que de ese famoso "poner de tu parte". Al final del día no se trata de que no quieras, se trata de que no puedes, por ti mismo, producir esa vida, sin importar cuánto la quieras.

---

117   Juan 6:29 NVI
118   Juan 15:5
119   Juan 20:31

Jesús no vino meramente para ayudarnos a ser mejores; él vino para impartirnos su mismísima vida. Para hacer por ti, en ti, y a través de ti, lo que ni tú, ni yo, ni nadie más puede hacer. Y vino, no solo para darte el cielo un día, sino también esa vida de paz, gozo, paciencia, amabilidad, fe, dominio propio y amor que tanto anhelamos todos, pero que tanto parece esquivarnos a todos.

Esta es la verdad, usted puede lograr muchas cosas si se esfuerza lo suficiente. ¡El joven era rico! Pero uno no puede ver, ni mucho menos experimentar, esa vida que es verdaderamente buena, sin confiar en Dios. Esa es la razón por la que ese joven rico va a Jesús, porque habiendo cumplido con todo lo que él creía se esperaba de él para entrar al Reino, aun no sentía la vida del Reino dentro de sí. Los propios discípulos de Jesús, a ese punto, suscribirían que habiendo hecho el joven todo aquello, efectivamente debería estar sintiendo esa vida abundante. Pero no era así. Y temo, que al igual que aquel joven, muchos se siguen preguntando: "¿Por qué ellos tampoco?".

¿QUÉ ES LO QUE MÁS QUIERES?

"¿Quieres ser perfecto?"[120] ¿Quieres estar bien, y no solamente, verte bien? ¿Quieres estar completo? Pues entonces, "...anda y vende todas tus posesiones y entrega el dinero a los pobres, y tendrás tesoro en el cielo. Después ven y sígueme".[121]

---

120   Mateo 19:21a
121   Marcos 10:21

Esto sí que debió poner de cabeza las demás presuposiciones del joven. Hacer lo que Jesús le estaba pidiendo evidenciaría que una significativa nueva realidad interna había tomado lugar en él. Y esa realidad interna, sería el Reino de Dios. La paz que proviene de la certeza del saberse amado, perdonado, protegido, justificado, y completo en Jesús. Pues entonces el Reino de Dios habría entrado en él; y él, a su vez, habría entrado efectivamente en el Reino de Dios. Pero por el contrario, negarse a obedecer a Jesús, solo podría significar una cosa: que la inseguridad y la ansiedad seguían reinando en su interior. ¿Y cómo no habría de aferrarse a su dinero entonces?

Y es que el Reino de Dios no sufre de ansiedad, ni de desórdenes del sueño. Tampoco siente miedo de que mañana le vaya a faltar algo. Así que la evidencia más fiel de que ese Reino ya está viviendo en ti, no es lo que quizás supondríamos —el rigor religioso— sino el alma que descansa segura y plenamente satisfecha en el Único que merece toda nuestra confianza.

A eso le llama Dios amar: ayudar a un joven rico a entender que el miedo que reina en su alma es totalmente ajeno a la vida del Reino que él alega conocer. Invitándolo a disfrutar de la profunda paz del que ya no necesita huir de Dios ni de sí mismo. Aprender a ser verdaderamente humano es comenzar a vivir en ese Reino desde ahora, y que ese mismo Reino comience a vivir también en uno.

EL EVANGELIO ES DESCANSO

Recurrir a tu capacidad para generar dinero, a tu reputación, o aquello en lo que logres despuntar, no es suficiente, ni tampoco sostenible. Con razón estás tan cansado. Por eso, "vengan a mí todos los que están trabajados y cargados y yo os haré descansar"[122] es música a mis oídos. Es la invitación más relevante que haya podido recibir jamás. Somos invitados a descansar del tratar de acallar la culpa y el miedo usando nuestros logros, fortalezas, contactos, dinero, belleza, y cosas parecidas. Para que habiéndosenos acreditado el perfecto desempeño de Jesús en substitución de nuestros pecados, fueran erradicados nuestras vergüenzas y miedos. Por eso la pregunta de Jesús al joven: "¿Por qué me llamas bueno?" es clave. Pues tu única posibilidad de paz estriba en poder creer que Él es bueno.

¿CUÁL ES LA VIDA BUENA?

"En verdad os digo que es difícil que un rico entre en el reino de los cielos".[123] Aquella cultura suponía que ser rico era señal de la aprobación de Dios. La buena vida consistía en hacerse rico, igual que hoy día. Florecer es viajar mucho, comer donde se nos antoje, asociarse con los que mueven el mundo, vestir bien, lucir impresionante, etc. Pero lejos de conceder esa premisa, Jesús la confronta, comenzando con sus discípulos (y específicamente Pedro). Jesús básicamente le dice, en nuestras palabras, algo así como: "Escúchame bien Pedro, tú tienes razón en una cosa, pero te equivocas en la otra. Es cierto, la vida que todos están buscando es humanamente imposible. Pero por otro lado, ese joven rico no está mejor que tú".

---

[122]   Mateo 11:28
[123]   Mateo 19:23 LBLA

Piénsalo, según Jesús, aquellos a quienes este siglo considera que son primeros, el próximo siglo los considera últimos.[124] En su Reino, la vida no florece recurriendo a uno mismo para poder salvarla, sino negándose a uno mismo para poder recibirla. Y, ¿cómo sería de otra? Nada nos deshumaniza tanto como lo que hay que pagar para ser primero a los ojos de este siglo. Y nada nos humaniza más que llegar a comprobar en nuestra propia vida que eso que es imposible para el hombre, es posible para Dios. Jesús nos presenta entonces un retrato muy distinto de lo que es auténtico florecimiento. "De cierto os digo que no hay ninguno que haya dejado casa, o hermanos, o hermanas, o padre, o madre, o mujer, o hijos, o tierras, por causa de mí y del Evangelio, que no reciba cien veces más ahora en este tiempo; casas, hermanos, hermanas, madres, hijos, y tierras, con persecuciones; y en el siglo venidero la vida eterna".[125] Ese factor de, cien veces más, se usa para referirse a una vida mejor, la verdadera buena vida. La buena vida que muchos logran disfrutar conduciendo su vida a la manera de este siglo; es superada cien veces, por aquella conducida a la manera del Reino de Dios.

TODO ESTÁ AL REVÉS

El constante bombardeo mediático al que eres sometido diariamente se resume en una palabra: preocúpate. Preocúpate de mañana. Preocúpate de las próximas elecciones. Preocúpate de lo que esa otra persona dijo, o no dijo.

---

[124]   Marcos 10:31 NTV
[125]   Marcos 10:29-30

Preocúpate por la inteligencia artificial y sus letales posibilidades, etc. Pero Jesús nos enseña a hacer exactamente lo contrario. "Así que no se preocupen por el día de mañana, porque el día de mañana traerá sus propias preocupaciones. Los problemas del día de hoy son suficientes por hoy".[126] Según Jesús, aprender a ser verdaderamente humano incluye, aprender a vivir un solo día a la vez.

A los ojos de este siglo, la siguiente declaración de Jesús tampoco hace mucho sentido: "Felices los mansos porque heredarán la tierra".[127] Si usted le pregunta a cualquiera en la calle quiénes son lo que heredan la tierra hoy día, la gran mayoría de la gente respondería algo como: "Los que tienen el ejército más grande". ¿Cómo podría hoy cualquiera poseer tierras poniendo la otra mejilla? ¿O bendiciendo al que le maldice; o amando al enemigo, o sufriendo el oprobio? Pero, una vez más me detengo, y vuelvo a escuchar la aclaración de Jesús a Pedro, algo así como: "No es cierto, Pedro, ese joven rico no está mejor que tú. Y aunque parece tenerlo todo, está profundamente insatisfecho, afanado, y vacío. Su impresionante éxito no ha sido suficiente ni puede serlo. Por eso es por lo que está acá, haciéndome todas estas preguntas".

Jesús ve en aquel joven rico la verdadera pobreza. Todos los demás lo envidian. Jesús lo compadece. Al final de cuentas, ganar el mundo entero no es bueno para el alma sino mortal.[128] La buena vida no tiene nada que ver con un alma

---

[126] Mateo 6:34 NVI
[127] Mateo 5:5
[128] "Porque ¿qué aprovechará al hombre, si ganare todo el mundo, y perdiere su alma? ¿O qué recompensa dará el hombre por su alma?" — Mateo 16:26

agotada y afanada, pero sí con un alma que se encuentra satisfecha y confortada, aquella que está siendo dirigida y protegida por quien es infinitamente competente para hacerlo. Aquel que continúa llamándonos hacia Sí Mismo con la más tierna, y al punto, de las invitaciones: "Vengan, síganme! …".[129]

---

[129]   Mateo 4:19 NVI

Capítulo 8

Un alma que no esté dividida

"La ira es la reacción divina al pecado. La expiación es necesaria ya que los seres humanos están bajo la ira y el juicio de Dios. A menos que le demos contenido real a la ira de Dios, y que sostengamos que los hombres realmente merecen que Dios les castigue con las dolorosas consecuencias de sus malas acciones, vaciamos el perdón de Dios de su significado".

— George Eldon Ladd
Reconocido ministro, profesor
y teólogo canadiense

Tú y yo necesitamos aprender a darnos el permiso de admitir que conducir toda nuestra vida en el exilio del paraíso nos ha traumatizado. Por lo que, además de ser perdonados, necesitamos ser sanados de profundas angustias y vergüenzas.

Independientemente de cuánto se pretenda aparentar que la vida va bien, el trauma del pecado nos persigue y atormenta. El Dr. Bessel van Der Kolk, experto en lo que ha venido a ser conocido como "síndrome de estrés postraumático"[130] lo expresa así: el cuerpo lleva el marcador.[131]

Hoy sabemos que califica como traumático todo aquel evento aterrador del que la persona afectada no logre salir bien librada, o que carezca de alguna resolución definitiva o "cierre" que restaure el bienestar y la plena funcionalidad. Y es importante entender que nuestros cuerpos internalizan tanto al evento traumático en sí como a la instintiva respuesta de supervivencia activada por este. Respuesta de supervivencia que seguirá siendo activada, incluso mucho después del evento traumático; específicamente por aquellos detonantes que traigan a la memoria el trauma haciéndonos revivirlo una y otra vez. Negándole así a la víctima la posibilidad de seguir con su vida, congelándola en el tiempo.

Toda respuesta de supervivencia que no logre concretarse adecuadamente oportunamente asumirá la forma de un espiral interminable que busca resolución o sanidad. Y años después del evento traumático, continuará causándole estragos a la vida diaria de la víctima.

Nada parecería llenar mejor toda esa descripción que el propio pecado. Y créeme, nuestros cuerpos también están llevando ese marcador.

---

[130]   El trastorno de estrés postraumático es una enfermedad de salud mental desencadenada por una situación aterradora, ya sea que la hayas experimentado o presenciado. Los síntomas pueden incluir reviviscencias, pesadillas y angustia grave, así como pensamientos incontrolables sobre la situación.

[131]   Título en español de su valioso libro The Body Keeps the Score.

EL PASADO NOS PERSIGUE

Además, para poder vivir con nosotros mismos necesitaremos convencernos de ser incapaces de hacer algo vergonzoso. Por lo que así, en ese preciso acto de negación, nos quedaremos sin razones ni categorías a la mano para poder explicar adecuadamente nuestra experiencia del mal. Así que, como no podemos 'estar bien', entonces solo nos queda el intentar 'vernos bien'. Y es por eso que todos huimos de la luz. Realidad que inevitablemente resultará en un alma dividida. Expresión con la que me refiero a la desintegración o falta de integridad entre nuestra vida interior y la exterior; en otras palabras, una doble vida.

Por eso la confesión se torna en una práctica indispensable para quien aspira a estar plenamente sano. Ya que al hacer coincidir lo que pasa en tu interior con lo que pasa en tu exterior, el alma vuelve a ser por fin de una sola pieza; coherente; en armonía con la realidad. En vez de operar desde la incoherencia de mentiras que intentan fútilmente silenciar la conciencia. Pero al confesarte, podrás finalmente pensar con verdadera claridad. Interesantemente entonces, cuanto más confiesas tus pecados, más íntegro eres. Es cierto que te costará mucho — demasiado para la forma de pensar de este mundo — pero solo así comenzarás a sanar. Solo así estarás finalmente y verdaderamente bien.

La Dra. Juliet Font[132] hizo una investigación que parecía

---

[132]   Juliet Font explicando los resultados de su tesis doctoral que finalmente dieran origen a su libro A Minute to Think. CNLP 446 | Juliet Font on Productivity Thieves, the Hidden Cost of Busyness, How to Add

apuntar a que las compañías que más errores cometían eran las que más éxito tenían. Y eso, al principio, no le tuvo sentido. ¿Cómo es que esas otras compañías con menos errores, y por ende supuestamente más eficientes, se quedaban económicamente rezagadas? Así que ella decidió investigar más a fondo y encontró que no era que las que reportaron cometer más errores, en efecto cometieran más errores; era más bien que confesaron más errores que las otras. Pues aquellas que reportaron cometer menos errores, en realidad cometían muchos más, pero habían decidido esconderlos. En otras palabras, esas compañías ¡mentían! Pero, aunque pudieron alterar los datos, no pudieron alterar las dolorosas consecuencias de todos aquellos errores no confesados, pues fracasaron. De igual manera, jamás experimentaremos sanidad significativa hasta que comencemos a reconocer la "viga en tu ojo",[133] y a confesarla frente a otros. Necesitamos estar en la luz con otros, admitiendo frente a otros la verdad acerca de nosotros mismos. Irónicamente, para nuestro propio detrimento, las familias cristianas y las iglesias parecieran ser el último lugar donde eso está ocurriendo. Y nos conformamos con fingir que somos comunidad, evadiendo el duro trabajo de verdaderamente llegar a ser una.[134] Como cuando solamente nos podemos poner de acuerdo en

---

White Space to Your Work and Life. Accedido el 27 de noviembre de 2024. Https://careynieuwhof.libsyn.com/cnlp-446-juliet-funt-on-productivity-thieves-the-hidden-cost-of-busyness-how-to-add-white-space-to-your-work-and-life

[133] Mateo 7:3-5

[134] Para más información respecto a la ardua pero gratificante experiencia de llegar a participar de una verdadera comunidad te recomiendo el libro de Scott Peek, The Different Drum: Community Making and Peace.

ignorar todo desacuerdo, escondiéndolos bajo una alfombra que hace mucho ya se nos quedó pequeña.

Richard Foster, autor del clásico La Celebración de las Disciplinas Espirituales Cristianas, escribió:

> "La confesión es una práctica espiritual muy difícil para nosotros debido parcialmente a que vemos a la congregación de creyentes como un compartir entre santos y no como un compartir entre pecadores. Llegamos a sentir que todos han avanzado tanto hacia la santidad que nos sentimos aislados y solos en nuestro pecado...Imaginamos que somos los únicos que aún no surcan raudos y veloces la avenida hacia los cielos. Por lo que nos escondemos los unos de los otros y vivimos mentiras disfrazadas e hipocresía..."[135]

Y no tenemos ni la más mínima idea del enorme precio que estamos pagando al escondernos. Pues, aunque la mentira promete ayudar, lo que en realidad hace es desintegrar nuestras almas, deformándolas en algo oscuro, torcido e infrahumano.

John Ortberg escribió:

> "Dios está diciéndonos algo realmente sorprendente, que en Su comunidad, ya no habrá más esconderse, ni más máscaras. Nos dice algo así como: "Mi comunidad será gente real, que luchan con el pecado y hacen cosas muy tontas de vez en cuando y dicen sandeces aquí y allá, pero luego se arrepienten y vuelven a mí y las confiesan, y retoman el rumbo y se mueven hacia adelante y maduran un poco y entonces un poco después vuelven a fallar, pero nuevamente regresan a mí tantas veces como tengan que hacerlo. Saben que

---

[135] John Ortberg & Laurie Pederson & Judson Poling, Groups: The Life-Giving Power of Community. (Zondervan, Grand Rapids: Michigan, 2009), 50-51. (Traducción del autor.)

no tienen que pretender…y así viven en la luz".[136]

El apóstol Santiago lo pone así: "Por lo tanto confiésense los pecados unos a otros y oren los unos por los otros y seréis sanados".[137] Él se refiere a que podemos vivir en un tipo de comunidad donde nuestra humanidad no es negada pero sí transformada. Una comunidad donde, al admitir nuestra precaria condición, adentrándonos en la luz, experimentamos el perdón y la sanidad que Jesús ha hecho generosamente disponible para todos.

Cada vez que ha habido un auténtico mover de Dios en la historia, una de las cosas que ocurren es que las personas toman muy en serio la confesión. Al punto de que voluntariamente comienzan a admitir ante Dios, ante sí y ante otros, la verdad acerca de sus vidas. Y en vez de quedarse solos en sus pecados, sin que nadie sepa de sus anhelos, ni de sus miedos, ni de sus matrimonios en crisis, ni de sus traumas, vergüenzas y oscuridad, los confiesan moviéndose hacia la luz.

Juan escribe:

> "Este es el mensaje que hemos oído de él, y os anunciamos: Dios es luz, y no hay ningunas tinieblas en él. Si decimos que tenemos comunión con él, y andamos en tinieblas, mentimos, y no practicamos la verdad; pero si andamos en luz, como él está en luz, tenemos comunión unos con otros, y la sangre de Jesucristo su Hijo nos limpia de todo pecado. Si decimos que no tenemos pecado, nos engañamos a nosotros mismos, y la verdad no está en nosotros. Si confesamos nuestros pecados, él es fiel y justo para perdonar nuestros pecados, y limpiarnos de toda

---

136   Ibid, 51. (Traducción del autor.)
137   Santiago 5:16

maldad. Si decimos que no hemos pecado, le hacemos a él mentiroso, y su palabra no está en nosotros".[138]

Pero, si bien es cierto que el alma dividida desea volver a ser de una sola pieza, al mismo tiempo le aterra la luz, a causa de su vergüenza. Y la comunión entre nosotros es solo posible si hemos sido verdaderamente librados de nuestra vergüenza. Tristemente, nuestro actual grado de polarización demuestra que estamos muy lejos de haber sido librados de nuestra vergüenza, aun cuando queramos convencernos de lo contrario. Y esa falsa comunión es como una pesada carga llevada en medio de la pasarela de disfraces de la actual sociedad. Y sólo la justicia de Jesús acreditada a nuestro favor, hace que podamos estar en la luz sin que nos aplaste la vergüenza.

Así que hay un segundo beneficio de ese estar en la luz, y es la auténtica comunión con otras personas. Pues, mientras no hayamos lidiado con nuestra vergüenza, continuaremos experimentando la necesidad de escondernos del otro, solos, asustados, juzgándolos a todos y sintiéndonos siempre como meros impostores. Pero cuando vengo a la luz, gracias a la provisión de Dios para el perdón de mis pecados, entonces puedo estar frente a otro ser humano tal cual soy sin que su presencia me amenace; ni a él, la mía.

Muchos de los problemas relacionales podrían deberse a que los componentes de esa relación tienen sus almas divididas. Creo que es por eso por lo que Pablo procede a

---

138   1 Juan 1:5-10

aclarar que nuestra lucha no es contra carne ni sangre,[139] sino contras principados, contra potestades. Él aclara esto porque así fue precisamente como se sintió. La guerra espiritual se desarrolla en medio de las relaciones de nuestro día a día. Como, por ejemplo, en un encuentro con esa persona que ha sido injusta conmigo. Cuando, en lugar de recurrir a la mentira para salir del aprieto, he de recurrir a la verdad y mostrar integridad de carácter. Eso es guerra espiritual. Y en vez de tomar algún atajo cuestionable o aprovechar alguna tentadora ventaja injusta, emular la justicia que distingue al Reino de Dios. Eso es guerra espiritual. En vez de afanarte tratando de ubicarte lo mejor posible, escoger confiar en Dios. Eso es guerra espiritual. En vez de recurrir a palabras hirientes para lastimar al que me ataca, practicar el silencio pacificador o la palabra conciliadora que bendice. Venciendo así al mal con el bien.

UN BREVE VISTAZO A MI ALMA DIVIDIDA

Mi vida antes de Cristo estuvo marcada por una serie de traumas de índole sexual. Comenzando con una adicción a la pornografía en mi adolescencia temprana, que me llevó a lugares verdaderamente oscuros.

Durante unos cuatro a cinco años hice cosas que me avergüenza mucho haber hecho. Vivía una doble vida. Era el hijo ejemplar de mis padres; y al mismo tiempo era alguien torturado y controlado por la lujuria y la perversión. Igual insistía en tratar de ser las dos personas. Así que llegué a convencerme

---

[139]   Efesios 6:12

de que lo que pensaban mis padres acerca de mí era la verdad, desasociándome así de mi propia maldad. Al punto de que llegué a olvidar muchas de las cosas malas que hice.

En mi adolescencia tardía tuve un genuino encuentro con la gracia de Dios y pude encontrar la plena libertad de mi esclavitud a la lujuria. En realidad fue milagroso, pues repentinamente encontré una fuerza de voluntad que evidentemente no venía de mí mismo y que me ayudó a resistir. Poco después, no obstante, comencé a sufrir de pesadillas y a recordar algo de la oscuridad de la que años atrás había pretendido desentenderme. Pero, siendo apenas recuerdos parciales, de algún modo, casi logré ignorarlos y seguir adelante.

En mi primer año de casado, las pesadillas y los recuerdos perturbadores, aumentaron. Y luego, al comenzar a pastorear, se dispararon exponencialmente. La contradicción de servir a Dios y la oscuridad de aquellos años adolescentes, no parecían poder convivir, llenando mi vida de angustia. A pesar de que yo, dizque, ya conocía a Dios.

Igual que la mujer de Samaria, yo tampoco sabía con quién hablaba. ¿Me permites contártelo con las palabras de aquella hermosa historia de redención?[140]

— Dame agua.

— ¿Cómo es que me pides agua siendo judío y yo samaritana?

— Si conocieras el regalo de Dios y quién es el que te pide agua, tú le pedirías y él te daría agua viva.

---

[140]   La historia de la mujer samaritana y de su encuentro con Jesús aparece en Juan 4:1-30.

— ¿De dónde tienes para sacar el agua si el pozo es profundo, acaso eres mayor que Jacob?

— Ve y busca a tu esposo.

— No tengo marido.

— Dices la verdad cuando dices que no tienes esposo porque cinco has tenido y el que ahora tienes no es tu marido.

— Veo que eres profeta, ustedes dicen que debemos adorar allá en Jerusalén y nosotros decimos que en este monte, ¿dónde debemos hacerlo?

— Ni aquí ni allá, es más la hora viene y ya ha llegado en que los verdaderos adoradores adorarán en espíritu y verdad.

Jesús, en cierto sentido, deja a la samaritana dirigir la conversación. Ella salta a otro tema y Jesús la sigue. Ella evade lo evidente y Jesús no la presiona diciéndole "¿Adónde crees que vas? Regresemos a esto". Todo lo contrario, le diría algo como "¿Quieres hablar de adoración? Pues hagámoslo, la verdadera adoración no consiste en las cosas externas, no se trata de este monte o del otro, ni de estas ceremonias o las otras, se trata de completa autenticidad. La verdadera adoración trata acerca de quedar expuestos por lo que en realidad somos y necesitamos. Con Dios, la cosa no es acerca de nuestras fortalezas sino de nuestros quebrantos y fracasos. Con Dios siempre se trata de una relación que es en espíritu y verdad". Ella corre para el tema de los lugares de adoración y Jesús le muestra que al final, es siempre el mismo tema. Ella quiere quedarse arriba en la superficie, pero Jesús quiere llevarla a su núcleo, a la verdad, a su profunda sed. Sed de seguridad, aceptación, y significado.

La vida afuera del paraíso es brutalmente dura. Pero queremos convencernos de lo contrario. Vamos de aquí para allá buscando cómo silenciar nuestros dolores y cómo aplacar nuestra sed de significado, sin éxito. Y si no, entonces intentamos vivir en la superficie de nuestra vida, enajenándonos de los asuntos del alma, y entreteniéndonos con lo trivial, aunque sin mucho éxito tampoco.

Cada vez que la mujer hablaba, parecería que la conversación terminó.

— ¿Por qué me pides agua? ¡Pum! (Se acabó la conversación, ¿verdad?).

— Si solo supieras…

— Acaso eres mayor que nuestro padre Jacob, ¿existe acá una mejor fuente de agua que esta? ¡Pum! (Ahora sí que se acabó, ¿o no es así?).

— Yo tengo agua viva.[141]

Para ella, aquello no tenía ningún sentido. Y recuerden, esta mujer había aprendido a no confiar en los hombres. Había aprendido, a la mala, a manejarlos y a defenderse de ellos.

Jesús le dice: "Tengo agua viva, y quien beba de esa agua no volverá a tener sed". A lo que ella responde: "Pues dame de esa agua para no tener que venir nunca más aquí". Ella no parece poder creer ni una sola palabra de lo que Jesús le decía. Pero entonces, Jesús le dice alto y claro: "Busca a tu marido".[142] Repentinamente, aquello se torna demasiado personal. Ese era

---

[141]   Hoy día tenemos agua viva en el fregadero y en el lavamanos, pero aquello era un desierto. Para ellos aquella era la mejor agua a su alcance, el lujo de reyes. Era el pozo del hombre más rico de aquella época, Jacob

[142]   Juan 14:16

el último tema del que ella habría querido hablar. Así que lo evade; seca y cortante responde: "No tengo marido".[143] De nuevo, fin de la conversación ¿verdad? Sin embargo, una vez más Jesús va a insistir: "Bien has dicho: No tengo marido; porque cinco maridos has tenido, y el que ahora tienes no es tu marido".[144]

¿Qué hará ella ahora? Lo mismo que hacemos nosotros, cambiar de tema: "veo que eres profeta."[145] En otras palabras: "No hablemos de mí, hablemos de ti; hablemos de tu obvio campo de interés, la teología." Siempre es más fácil hablar de la cosa religiosa, y de la cosa filosófica, que de mí mismo y de mi condición. Una conversación de controversias teológicas será siempre menos amenazante que hablar de mi vida, y de la vergüenza que la acosa a toda hora. Pero Jesús la tiene justo donde él quería.

C. S. Lewis escribió:

> "Debes imaginarme completamente sólo, en aquella habitación del Magdalen, noche tras noche sintiendo, cada vez que mi mente se apartaba del trabajo, el acercamiento continuo, inexorable, de Aquel con quien, tan decididamente, menos deseaba encontrarme. Al final, Aquel a quien temía profundamente cayó sobre mí. Hacia la festividad de la Trinidad de 1929 cedí, admití que Dios era Dios, y puesto de rodillas, oré. Aquella noche fui quizás el converso más esquivo y renuente de toda Inglaterra".[146]

---

143 Juan 14:17
144 Juan 14:18
145 Juan 14:19
146 Roger White, Judith Wolfe, Brendan Wolfe, C. S. Lewis and His Circle: Essays and Memoirs from the Oxford C.S. Lewis Society, Oxford University Press, 2015, 6. (Traducido con IA.)

¿Puedes verlo? Igual que a Lewis, Jesús se le revela a aquella mujer, no como un concepto, sino como una persona. Alguien que la conocía mejor de lo que ella se conocía a sí misma. Y es solo entonces que le dice: "Yo soy el Mesías".[147] Por lo que ella sale corriendo emocionada para apresurarse a decirle a otros: "Vengan y vean a un hombre que me ha dicho todo sobre mí".[148] Algo así me pasó a mí. Y con este libro, procuro hacer, y decir, exactamente lo mismo que ella.

ELIMINANDO LA RAZÓN DE SER DE MI VERGÜENZA

Al experimentar la paz de uno saberse completamente justificado en los méritos de Jesús, todo cambia. Y todo aquello que era ganancia, cosas como títulos, posesiones, contactos, reputación, apellidos, reconocimientos, aptitudes, fortalezas, etc., ahora parecen números rojos en libros de contabilidad. Ya que, en vez de sumar nos restan; pues nos privan de la suprema excelencia de conocer a Cristo y de ser hallado en él.

Procurar lucir impresionante, controlar los resultados y tener siempre el primer lugar, podría ser indicio de que aún no has conocido la paz de hallarte realmente en Cristo y no en ti mismo. Porque cuando lo hagas, podrás dejar de tomarte tan en serio. Al punto de obtener la capacidad de reírte de ti mismo. Además, podrás respetar tus límites, y por primera vez dejarás de sentirte como un impostor. Pues tu desempeño no te definirá más. Si Dios nos pone en paz consigo mismo, no hay nada más que temer. Ya no necesitas negar tu vergonzoso

---

147   Juan 4:26 NTV
148   Juan 4:29 NTV

pasado. Ese vergonzoso pasado en realidad pasó; pero en Jesús ahora eres un trofeo de Su Gracia. Una historia que ha sido redimida por Jesús, y que le ha sido arrebatada a la oscuridad.

Capítulo 9

Una fe que redima mi sufrimiento

"Dios puede manejar tu ira, tu decepción e incluso tu amargura. Pero alejarse de Jesús es abandonar la única esperanza para salir del dolor…Y tiene que haber algún momento en tu día en el que lo dejes ir todo. Toda la tragedia del mundo, la angustia, el último tiroteo, el terremoto…el alma nunca estuvo supuesta a soportar eso. El alma nunca estuvo supuesta a habitar un mundo como este. Es demasiado.
Tu alma es finita. No puedes cargar con los dolores del mundo. Sólo Dios puede hacer eso".

— John Eldredge
Consejero, escritor y
conferenciante estadounidense

Cuentan de una concurrida entrevista de empleo ocurrida en la India, en la que dos afortunados finalistas se aprestaban a enfrentar una última ronda de preguntas. Y que haciendo pasar al primero, luego de los saludos de rigor le preguntaron: "¿Puede decirnos cuál fue la fecha de independencia de la India?" "Bueno, eso tomó lugar en 1947 pero valga decir que hubo muchos eventos y grandes conversaciones que fueron llevando adelante la cosa, la que finalmente tomó lugar en el año 1947". "Muy bien, ahora díganos: ¿Quién es el padre de nuestra nación?". "Usted sabe, en verdad no es justo seleccionar sólo a una persona, pues hubo muchas involucradas, y todas tuvieron cierta participación en el asunto, no creo justo seleccionar sólo a uno". "Excelente, ahora díganos: ¿Cree usted que la corrupción es el principal problema de la India?". "Bueno, ciertamente nuestro primer ministro designó una comisión para estudiar el asunto, y no creo correcto saltar a conclusiones, preferiría esperar por sus hallazgos".

La otra persona que aplicaba para el trabajo esperaba afuera nerviosa, y al salir el que entrevistaron primero, le preguntó: "Por favor, dime ¿cuáles son las preguntas, cuáles son las preguntas?". "Es que nos hicieron jurar que no compartiríamos las preguntas". "Ok, eso lo entiendo, pero no te hicieron jurar que no compartirías las respuestas, entonces, dame las respuestas". El hombre escuchó las respuestas detenidamente y las memorizó. Más tarde, antes de hacerlo pasar, la de recursos humanos notó que la última solicitud estaba incompleta, así que intentaría llenarla al comienzo. "Bienvenido, díganos ¿cuál es la fecha de su nacimiento?" "Bueno, eso tomó lugar en 1947 pero valga decir que hubo muchos eventos y grandes conversaciones que fueron llevando adelante la cosa, la que finalmente tomó lugar en el año 1947". Algo incrédula procedió a preguntar enseguida: "¿Puede indicarnos cuál es el nombre de su padre?". "Usted sabe, en verdad no es justo seleccionar sólo a una persona cuando hubo muchas involucradas, y todas tuvieron cierta participación en el asunto, no creo justo seleccionar sólo a una". Indignada, la mujer de recursos humanos le increpó: "Oiga, ¿acaso está usted loco?". "Bueno, ciertamente nuestro primer ministro designó una comisión para estudiar el asunto, y no creo correcto saltar a conclusiones, preferiría esperar por sus hallazgos".[149]

Si no puedes darme las preguntas entonces dame al menos las respuestas. Y es que evidentemente las preguntas serán siempre al menos tan importantes como las respuestas. Por lo que no es de sorprender que el Evangelio trate, tanto a las preguntas con las que deberíamos estar luchando, como a las respuestas a esas preguntas. Presentándonos así un cuadro claro de qué es lo que está mal con el mundo y con cada uno de nosotros, así como cuál es el único remedio para nuestro predicamento.

LA VIDA DE FE

La vida cristiana es una vida que se vive por fe y para fe. Y es por eso por lo que la Biblia dedica tanto espacio a aclarar de qué trata dicha fe, y uno de ellos es Hebreos 11, y Hebreos 12:1-4.

Según Hebreos, la vida de fe es una vida que opera con certezas y realidades. Se trata de una vida que se resiste a ir por un mundo tan peligroso como este, meramente a tientas. Por lo tanto, es la verdadera humildad de admitir que no sé ni veo tanto como típicamente preferiría suponer. Y por el otro, es la sobria comprensión de que Dios es infinitamente digno de mi más absoluta confianza. Según la Biblia, la fe viene por medio del oír la palabra de Dios[150]. Dios habla y actúa primero,

---

149   Ilustración anónima.
150   Romanos 10:17

ganándose así toda mi confianza. La fe es entonces la más sensata respuesta a la iniciativa y actividad de Dios.

Aquellos cristianos a quienes la carta de Hebreos se dirige, enfrentaban tal persecución, que abandonar su fe empezaba a lucir atractivo. Y la carta busca convencerles de que eso sería lo más desastroso que podrían hacer jamás. Ayudándoles a poder apreciar el que la historia de los héroes de Israel representa el principal postulado del cristianismo: "...el justo por la fe vivirá".[151] Cada acto heroico recogido en el capítulo 11 de Hebreos acerca de dicha historia, cada uno de ellos material de leyenda, fue gracias a su fe. Sino jamás habrían ocupado tantos "titulares".

Todas esas grandes proezas, no eran sino una prueba de evidencia a favor de que la clave de sus vidas fue hacer lo que cualquiera con al menos dos dedos de frente habría hecho en su lugar, de haberse topado con un Dios así: ¡creerle! Por eso siguieron el libreto de Dios para sus vidas, dando por bueno lo que fuera que este confiable Dios les instruyera a hacer.

Dios le dice a Abel toda la verdad que necesita saber acerca de su propio pecado, por lo que llega a decirle también la clase de sacrificio que necesitaría ofrecer. Y la grandeza de Abel estriba principalmente en que le cree a Dios todo lo que este le dice acerca de su pecado. Entiende esto, la primera cosa que necesitamos creerle a Dios es lo que Dios nos dice acerca de nuestro pecado. Eso fue exactamente lo que no hizo Caín.

Dios le da a Caín una enseñanza sin igual acerca del pecado, pero Caín no la cree. Y ocurre lo que no debería

---

[151]   Romanos 1:17

sorprender a nadie: Dios no acepta ni a Caín, ni a su ofrenda. Y Caín se enoja; pero a pesar de eso Dios siguió intentando razonar con él. Dios le dice:

> "¿Por qué estás tan enojado? ¿Por qué te ves tan decaído…Serás aceptado si haces lo correcto, pero si te niegas a hacer lo correcto, entonces, ¡ten cuidado! El pecado está a la puerta, al acecho y ansioso por controlarte; pero tú debes dominarlo y ser su amo".[152]

Pero Caín no lo cree a Dios. Y luego de que Caín acaba con la vida de su propio hermano, eventualmente le dice a Dios: "Mi castigo es demasiado grande para soportarlo".[153] Lo que se podría traducir como, mi carga de pecado es demasiado grande. Tal vez fue por eso por lo que Alberto Benjamín Simpson, en una ocasión sugirió que primero el diablo intenta convencerte de que no eres pecador o de que no eres tan pecador. Pero luego de que no puede sostener esa farsa, entonces intenta convencerte de que no existe perdón para tu pecado. Por eso la fe de Abel sigue hablándonos.

La fe de Noé también lo sigue haciendo. Noé le creyó a Dios y siguió todas sus instrucciones al pie de la letra, sin importar lo extrañas que parecieran. ¡Y eso salvó a su familia! Imaginen el ridículo: un gran barco estacionado en medio de la tierra seca, dizque porque habría de llover mucho.

¿Y qué te parece Abraham? Imaginen el ridículo de cambiar su nombre a, 'padre de muchos', cuando ni siquiera había podido engendrar un hijo. De paso, la vida en carpas de Abraham es en sí una metáfora. Este peregrino de peregrinos

---

152   Génesis 4:6-7 NTV
153   Génesis 4:13 NBV

representa a ese viajero que se dirige a un lugar permanente, y toda su vida es un "dirigirse hacia", sin necesariamente arribar. Y aun cuando consigue habitar en la tierra prometida, Abraham sigue viviendo en tiendas de campaña, porque apuntaba a una ciudad que no es de este mundo, no hecha por manos humanas. Y desde entonces, cada uno de estos y de estas que nos precedieron en la vida de fe, pusieron sus ojos en algo que este mundo no podrá ofrecernos jamás y echaron mano de algo infinitamente más valioso que Dios ha tenido a bien regalarnos.

La metáfora de las carpas de Abraham — en vez de las ciudades de Abraham — habla de algo que aquellas tierras que fluyen leche y miel de este mundo jamás podrán ofrecer. Algo que los héroes de Israel aprenderían temprano en el juego. Por eso, tanto aquellos que fueron milagrosamente librados del sufrimiento[154] como aquellos otros que no lo fueron,[155] alcanzaron igualmente no obstante, buen testimonio mediante la fe.[156] Porque su fe glorificó a Dios; de una manera o de la otra.

A la metáfora de las carpas de Abraham, la sigue otra que está llena de significado y que aparece en el capítulo 12 de Hebreos. Se trata de una carrera en un coliseo. Por lo que esa famosa nube de testigos no es sino aquellos mencionados en Hebreos 11, que ahora en las gradas les vitorean a los actuales corredores, ¡nosotros!

---

[154] Ver Hebreos 11:4-35 NVI
[155] Ver Hebreos 11:36-38 NVI
[156] Hebreos 11:39 NVI

LA MEJOR FANATICADA DEL MUNDO

Eugene Peterson, parafrasea así a Hebreos 12:1-3:

"¿Pueden ver qué es lo que todo esto significa, todos esos pioneros que allanaron el camino, todos esos veteranos en la vida de fe vitoreándonos? Significa que tenemos buenísimas razones para echar el resto. Subámonos bien las mangas, comencemos a correr y ¡jamás nos rindamos! Procuremos no llevar a cuestas grasa espiritual de más, ni parásitos de pecado. Fijemos la mirada en Jesús, quien comenzó y terminó esta carrera en la que estamos. Pero estudiemos bien cómo lo hizo. Debido a que nunca perdió de vista hacia donde se dirigía, esa exuberante meta prometida en y con Dios, él pudo sobreponerse a cualquier cosa en el camino: cruz, vergüenza, lo que fuera. Y ahora está allí, en el lugar de honor, a la derecha de Dios. Cuando se descubran flaqueando en vuestra fe, repasen esa historia nuevamente, evento tras evento, esa larga letanía de hostilidad que él soportó. ¡Eso infundirá adrenalina a vuestras almas!"[157].

Entiende esto bien, este es tu turno al bate. Dios tiene un plan para tu vida justo para este momento de la historia: una carrera de fe. Y no da igual que la tuya la corra otro, ni viceversa. ¿Puedes verlo? Tu vida posee una definitiva particularidad, sólo hay un tú. Eres irremplazable. Tienes una contribución única que realizar. Una carrera que en más de un sentido es sólo tuya. Corre bien tu carrera. Dios no me va a preguntar un día por qué no fui A.B. Simpson o A.W. Tozer, o Antonio

---

[157]   Biblia The Message, Hebreos 12:1-3. (Traducido con IA.)

López; pero muy bien podría preguntarme por qué no fui Javier Gómez Marrero.

¡Corre bien tu carrera! Esa ardua carrera muchas veces nos asusta. Otras veces nos enfurece, otras veces nos tira al suelo y muchas otras veces nos desespera. A veces nos agrada por momentos, sólo para enseguida sentirnos nuevamente abrumados ante los enormes retos por superar; sumado a nuestras obvias debilidades. Padres ancianos o enfermos, nuestros propios problemas de salud, retos económicos, tareas que lucen imposibles, vecinos difíciles, una sociedad polarizada y cada vez más hostil hacia la iglesia, ministerios fuera de nuestra zona de comodidad, salarios que requieren grandes sacrificios, la burla de quienes no conocen a Dios, incluso la indirecta sugerencia de que nuestro trabajo para Dios es en vano y poco apreciado. Y la única manera en que podrás correr bien esta carrera es no llevando a cuestas grasa espiritual de más, ni parásitos de pecado. Más bien, como Jesús, no perder de vista hacia dónde se dirige la misma, que es esa exuberante meta prometida del eterno disfrute de Dios.

La próxima vez que te sientas solo, mira de nuevo, y trata de escuchar mejor a todos esos vítores proviniendo desde tan gloriosas gradas. Yo lo hago a menudo; y casi me parece poder escuchar las constantes palabras de ánimo de gente de quienes recibí una herencia de fe. Personas como Alberto Benjamín Simpson, A.W. Tozer, Carlos y Arlene Westmeier, Gilberto Candelas, Miriam Cuevas, Carmelo Terranova, Antonio y Carmen López, Ramón Díaz, Alberto Espada Matta, Miguel y Aida Gómez, y de tantos y de tantas que Dios uso para bendecir mi vida con su ejemplo de fe. Pero procura mirar además a esa gente especial que Dios ha puesto a correr a tu lado. Mira a tu izquierda y a tu derecha, al frente y atrás, a toda esa gente de Dios que también está corriendo. Pues, a diferencia de las carreras de este mundo, esa gente no son tus competidores, sino tu familia. Y, en especial, procura mirar y escuchar al que ha prometido hacer su habitación en nuestro propio ser, ¡Cristo mismo! Pues el vigor para esta dura carrera está supuesto a ser sobrenatural. Estás en muy buena compañía. Así que, en nombre del cielo te pido que no corras solo nunca más.

Vale la pena repetírtelo: "…Cuando te descubras flaqueando en tu fe, repasa esa historia nuevamente, evento tras evento, esa larga letanía de hostilidad que él soportó. ¡Eso le infundirá adrenalina a tu alma!".[158]

El tramo ya recorrido ha sido exigente y al mismo tiempo inspirador, creo que incluso mucho de este podría ser catalogado como material de leyenda. Y el tramo que nos resta, aunque quizás sea un poco más empinado, dada la creciente hostilidad de un mundo cruel y perverso, todavía contiene muchas más historias de redención que escribir, antes de finalmente cruzar la meta. Y, si el mismo infierno no menosprecia a una iglesia pequeña centrada en el Evangelio, por pequeña que esta sea. ¿Cómo habríamos de atrevernos a hacerlo jamás nosotros?

Quizás nos duelan algunas coyunturas, quizás tengamos muchísimos huesos rotos y un gran número de golpes en nuestras agotadas rodillas; pero esta carrera, ¡la acabamos porque la acabamos! Porque aquí nadie corre solo. Los héroes de la fe nos animan. Las experiencias con Jesús nos energizan, los gozos en la línea de llegada nos invitan, y el Espíritu nos

---

[158]   Ibid.

levanta, nos sostiene, nos empodera, nos hace ligeros y nos acompaña.

EL MISTERIO DEL SUFRIMIENTO

A lo largo de la historia del cristianismo los creyentes hemos visitado al libro de Job en busca de respuestas a la pregunta del sufrimiento, y por muy buenas razones. El contexto vital del libro de Job es que allí le ocurren cosas malas a un hombre, pero no a pesar de que era justo, sino precisamente porque lo era. Y el más justo de toda aquella generación.[159] Ahora sí que estamos frente a un misterio, ¿no es cierto? Porque las cosas son aún más complicadas de lo que aparentan, o lo que quisiéramos suponer.

Así como en el caso del propio Job, lo que tenemos ante nosotros es una idea inadecuada tras otra acerca de lo que en realidad está pasando en el mundo y en nuestra propia vida. Job, casi al final, logrará entender que lo que más necesita no es una respuesta de Dios, sino a Dios mismo.

La lucha de Job es un eco de la nuestra. Ya que él en un momento vaciló a doblar la rodilla ante un Dios que diciendo ser justo y todopoderoso, repentinamente no parecía estar actuando como uno. Job también necesitaba una fe que fuera más que teorías o ideas abstractas. Porque su sufrimiento no era abstracto, sino real. Y por eso le pide una audiencia a Dios. Lo más sorprendente es que Dios se la otorga. ¿No te parece interesante que Dios eligiera hablarle a Job desde un

---

[159]   Job 1:8

torbellino?[160] Dios responde, por así decirlo, desde una tormenta. ¿No te suena eso a desorientación y a caos? ¿No se parece esa escena a la de tus propios torbellinos?

Pregunta tras pregunta, parecería como si Dios estuviera poniendo en su lugar a Job. Muchos, incluido yo hasta hace poco, defienden que Dios estaba humillando a Job, es decir, recordándole su pequeño, e insignificante, lugar en el universo. Pero si uno mira más de cerca las 37 preguntas que Dios le hace a Job, se puede observar una tendencia en cierta dirección que valdría la pena seguir.[161] Bastará con citar dos de ellas: "¿Puedes acechar la presa para la leona y saciar el hambre de los cachorros cuando están tendidos en sus guaridas o se agazapan en los matorrales? ¿Quién da comida a los cuervos cuando sus crías claman a Dios y andan errantes con hambre?"[162] ¿Ves hacia dónde se dirige Dios con su incisivo interrogatorio? Esas respuestas —en forma de preguntas— de parte de Dios a Job, son sino un retrato de lo bueno que Dios es. Esto evidenciado en su manera detallada de gobernar, aun cuando nadie más esté fijándose en ello.

Job necesita una fe que sea algo más que teorías o ideas abstractas. Y Dios le da una bocanada de realidad que lo deja abrumado, en el mejor sentido de la palabra. Como diciéndole: "Mira esto Job, mira aquello Job, observa esto otro Job, presta atención a esto otro también Job. ¡Mira de nuevo!". Y así Job finalmente consigue ver a Dios, aunque Job seguía experimentando su propio sufrimiento.

---

[160]   Job 38:1
[161]   John Ortberg. Become New Podcast. Episode # 20
[162]   Job 38:39-41 NTV

No descartes entonces tan rápidamente a Dios. Cuídate de saltar a conclusiones demasiado temprano o antes de tiempo; porque con Dios nunca se sabe y las apariencias engañan. Lo débil de Dios es más poderoso que lo fuerte de los hombres, y la necedad de Dios es más sabia que la sabiduría de los hombres. Y el tiempo de Dios está más a tiempo, que esa ansiosa velocidad de nuestros tiempos. Lo que parece ausencia no es sino una forma distinta de Él hacerse presente. Y lo que aparenta ser derrota es apenas su más gloriosa y contundente victoria.

Dios en una cruz. ¿Qué más escondido que eso, y qué más visible que eso? "Para aquellos que anhelamos ver a Dios en la hora más oscura, puede que no siempre lo hallemos en lo dramático o victorioso, ni en lo milagroso o espectacular"[163]. En vez de eso, podríamos hallarlo en el lugar menos esperado, como en una cama de hospital, en una cruel injusticia sufrida, en un hijo rebelde alejado, en una tentación en el desierto, en un horno siete veces sobrecalentado, en una fosa oscura llena de leones, en un temido reencuentro con un hermano ofendido, o en una fogata de noche en la que ya has negado tres veces a tu amigo. Y tal vez en un aposento alto herméticamente cerrado preguntándote asustado: ¿Y ahora qué?

Así que, mira de nuevo, porque con Dios nunca se sabe. Cuando más débil parece, es cuando más fuerte realmente es. Y cuando más ausente, quizás es cuando más presente se hará.

---

[163] Margaret Manning. "God in the Pew". Accedido el 10 de abril de 2015. Https://808bo.com/2016/10/18/ravi-zacharias-ministry-god-in-the-pews/ (Traducción del autor).

Annie Johnson Flint, una huérfana con artritis reumatoide, cáncer, incontinencia severa (tenía que usar pañales), y con el tiempo quedando totalmente ciega, escribió:

"Él da más gracia cuando hay más cargas y aumenta tu fuerza al crecer la labor. Ante más aflicciones, más misericordias, y ante más pruebas, Su paz es mayor. Cuando se ha agotado toda resistencia, cuando sin fuerzas el día casi terminó. Cuando ya llega el final de mi soga, la dádiva del Padre recién inició. No tengas miedo si la necesidad parece aventajar Su provisión. Nuestro Padre jamás escatima, cuán inagotable es su amor. Gracia sobre Gracia reparte, cuán generoso es su galardón. Que tanto a ti como a tu carga, lleva sobre sí mismo el Señor. Su ayuda siempre llega a tiempo, Su amor inunda todo nuestro ser. Y de la infinita gracia de Cristo, tomemos todos, una y otra y otra vez".[164]

---

[164] Kieran Beville, Journey with Jesus through the message of Mark. (Christian Publishing House, 2015), 177. (Traducido con IA.)

Javier Gómez Marrero

TERCERA PARTE:

SI SE PONE MEJOR, SE DAÑA

Javier Gómez Marrero

Capítulo 10

Quién querría perdérselo

"El principal peligro de la Iglesia hoy es que está tratando de ponerse del mismo lado que el mundo, en lugar de poner al mundo patas arriba. Nuestro Maestro espera que logremos resultados, incluso si estos traen oposición y conflicto. Cualquier cosa es mejor que el conformismo, la apatía y la parálisis. ¡Dios, danos un clamor intenso por el antiguo poder del Evangelio y del Espíritu Santo!"

— A.B. Simpson
Evangelista, teólogo y autor
Fundador de la Alianza Cristiana y Misionera

Una hermosa historia acerca de un matrimonio misionero, escrita por un autor anónimo, lee así:

"Al concluir 40 años de su servicio misionero en África, el Rev. Henry Morrison y su esposa, regresaban finalmente a la gran ciudad de Nueva York. Y mientras su barco se acercaba a un muelle abarrotado de personas, Henry le dijo a su esposa — 'Mira toda la gente que vino, mi amor, parece que después de todo no se han olvidado de nosotros.' Henry lo ignoraba pero su barco traía también al presidente Roosevelt, quien andaba de cacería por el continente Africano. A Roosevelt lo recibieron con fuertes aplausos, música sonora y muchos periodistas que esperaban porque este les hiciera algún comentario. En contraste, los Morrison se marcharon, sin siquiera ser notados. Tomaron un taxi, y siguieron hasta el pequeño apartamento provisto por la misión. Durante las siguientes semanas, Henry intentó sin éxito olvidar lo ocurrido. Una noche, le dice a su esposa: Todo esto está mal. Este hombre regresa de cacería y le organizan una fiesta. Nosotros damos la vida en servicio a Dios, y a nadie parece importarle. Ella le aconsejó que olvidara lo ocurrido. 'Lo sé (respondió él), pero no puedo; simplemente no está bien'. Su esposa se puso seria y le dijo: 'Henry, debes decirle esto al Señor y resolverlo ya. Serás inútil en tu ministerio hasta que lo hagas'. Más tarde, en su alcoba, Henry se arrodilló y derramó su corazón al Señor. 'Señor, tú conoces lo que pasó y por qué me preocupa. Con mucho gusto te servimos fielmente sin quejarnos. Pero ahora, no logro sacarme esto de la cabeza'. Después de orar un rato, Henry regresó con su esposa y su mirada era otra, la paz inundaba su rostro. Su esposa dijo — 'Parece que lo has resuelto, ¿qué pasó?'. Él dijo — 'El Señor lo resolvió por mí. Le dije lo amargado que estaba por el recibimiento que había disfrutado el presidente, y porque a nosotros nadie nos recibió al llegar a casa. Cuando concluí, pareció como si el Señor pusiera su mano en mi hombro, y simplemente me dijera: '¡Pero Henry, es que todavía, tú no has llegado a casa!'".[165]

Pienso que la clave para entender bien el capítulo doce de Lucas, y tu vida, está en el versículo 34: "Donde esté tu tesoro, allí estarán también los deseos de tu corazón".[166] La clave está entonces en, ¿qué es lo que en realidad deseas?

---

[165]   Anónimo. "Tesoros Cristianos". Accedido el 27 de noviembre de 2024. Https://revista.tesoroscristianos.co/todavía-no-has-llegado-a-casa/

[166]   Lucas 12:34 NTV

El problema es que hemos sido enseñados a desear cosas secundarias. Cosas que no lo merecen. Ya sea porque las podemos perder, o porque jamás serán suficiente para aplacar nuestra sed. Por eso, no merecen la estatura de tesoros. Al final del día son cosas secundarias que, ni deberían ser un fin en sí mismas, y menos aún el norte magnético de tu vida.

Se trata, pues, de las riquezas de este mundo. Las mismas que en una enigmática parábola de Jesús, cierto administrador infiel caído en desgracia empezaría a ver diferente (precisamente a raíz de su caída). No como un fin en sí mismas sino como un simple medio para un bien mayor, el tener adónde ir cuando se quedara sin empleo. Y, si igual que dicho administrador, haces de las riquezas de este mundo un medio en lugar de un fin, entonces una vez finalice tu vida, se te confiarán recién las verdaderas riquezas.[167]

Otra vez, son cosas secundarias. Y aunque todos las necesitamos, Jesús las llama "lo poco".[168] En otro lugar las llega a llamar "añadiduras".[169] Es decir, lo que se recibe complementariamente al adquirir el mucho más preciado producto principal (como los pretzels en un avión en pleno vuelo). Por eso, no te afanes tanto por esas cosas. Preocúpate más bien por una sola cosa. Aquella por la que Jesús celebra a una María tranquila, descansada y enfocada, y no a una Marta apurada, cansada y con mucho quehacer,[170] la cual, tristemente, es a quien todos nosotros habríamos celebrado. No perdamos de vista lo que María descubrió. Y a ella ya nada podría quitárselo, ni el

---

[167] Lucas 16:1-13
[168] Mateo 25:23
[169] Mateo 6:33
[170] Lucas 10:38-42 NVI

orín, ni los ladrones, ni la polilla. Entonces, solo una cosa es necesaria. Oh, si pudiéramos internalizar la liberadora riqueza de tan hermosa realidad. Solo una cosa es necesaria. Y en dicha simpleza es que consiste precisamente el verdadero reposo cristiano. Pues al hallarte en Cristo, accediendo libremente así a todo lo que es de Cristo, lo demás sobra. Él es más deseable que todo lo que este mundo podrá jamás ofrecernos. Él sí merece la estatura de tesoro y robar tu imaginación pero con el más ávido deseo. Porque Cristo mismo es la perla preciosa.[171] Aquella por la que el que sabe de perlas, no escatimará en nada con tal de tenerla. Porque Él mismo es el tesoro enterrado por el que cualquiera con al menos dos dedos de frente venderá todo con tal de poder comprar el costoso terreno que alberga ese tesoro.[172]

EL DESEO Y LA IMAGINACIÓN

Pero, nada trastoca más el deseo, que esas cosas a las que uno le presta su imaginación. Por eso las más bellas mentiras son la principal herramienta de comunicación de nuestro astuto enemigo el diablo.[173] Porque él busca cautivar tu imaginación, y desde allí tus deseos. Y si tiene tus deseos, entonces te tiene a ti; aunque no controle todas tus creencias ni todo tu intelecto. Pero el enemigo si tiene tus deseos, entonces te tiene a ti, ya que tú siempre buscarás primero lo que más desees.

---

[171]   Mateo 13:45
[172]   Mateo 13:44
[173]   "Y vio la mujer que el árbol era bueno para comer, y que era agradable a los ojos". Génesis 3:6

¿Quieres saber qué cosas se han quedado con la imaginación y los deseos de esta sociedad? Entonces, fíjate en qué es lo que nuestra gente busca primero. Qué es aquello por lo que tanto se afanan. Qué es lo que se visualizan a sí mismos algún día alcanzando. Preocupándose siempre por eso. Preparándose mucho para eso. Anticipándolo, buscándolo y luchando a mansalva para poder tenerlo.

Por eso las historias y metáforas son también el lenguaje de Jesús. Porque Él anhela tener mucho más de ti que tu intelecto, creencias y conducta. Él desea tener tu imaginación, y también tus deseos. Porque si Él tiene tu corazón, entonces te tiene a ti.

Jon Tyson, pastor de una hermosa iglesia en NY, voraz estudiante de la historia de los avivamientos encuentra interesante la variedad de tradiciones cristianas a las que Dios visitó con los grandes avivamientos de la iglesia. Especialmente porque sus posturas doctrinales no podían ser más distintas. Incluyendo, liturgias, énfasis, trasfondos y contextos distintivos.

Cierta vez, intrigado por conocer cuál es el secreto de los avivamientos, Tyson decidió llevar a su familia de vacaciones. Pero en lugar de ir al Reino Mágico de Disney, decidió llevarlos a varios de los países donde se dieron dichos avivamientos. Él lo llamó "Una gira de Avivamientos". Al regresar, su esposa le preguntó, "¿encontraste cuál fue el denominador común de esos avivamientos?" A lo cual, Tyson contestó: "Sí, fue una especie de hambre… ¡hambre de Dios! Dios irá allí donde Él sea profundamente deseado. Dios irá donde lo esperen con mucho celo y con profundo deseo. Allí donde genere la más ávida anticipación".[174]

¿Y sabe qué? No sabemos exactamente cuándo vendrá. ¡Pero eso no es solamente cierto de su segunda venida! También aplica a nuestra espera por su visitación sobrenatural a nuestra vida diaria y a nuestras reuniones como iglesia. Igualmente de su respuesta milagrosa a algunas de nuestras peticiones. ¡No sabemos cuándo vendrá! Máxime, cuando eso no lo definen nuestros programas, estrategias, estructuras, ni el volumen de asistencia a nuestros eventos. Él puede visitarnos en el culto más humilde y menos concurrido. Él podría llegar a la reunión menos anunciada y a la menos elaborada.

La profetiza Ana[175] sabía bien eso. Por eso se pasaba metida en el templo, igual que Simeón[176], porque ambos anticipaban que Dios estaba por hacer grandes cosas en sus días y no querían perdérselo. Y fue precisamente por eso que en la más velada primicia, vieron a Dios como nadie supuso que podría llegar a ser visto.

Dios irá allí donde sea profundamente deseado. Y eso no ha cambiado. Por eso necesitamos iglesias que nos enseñen a contemplar a Dios de nuevo y que nos muestren a Dios de nuevo. Porque, así es como funciona el deseo, ¡mirando!, contemplando lo bello.

Gente así es a la que Dios va a usar. Gente contemplándolo, mirándolo, deseándolo, esperándolo, disfrutándolo y

---

[174]   Jon Tyson. 2023. God Comes where he's wanted. Accedido el 27 de noviembre de 2024. https://youtu.be/8W9BQAjQN8s?si=PFHGWs M9KLifThP1. (Traducción del autor).

[175]   Lucas 2:36-38

[176]   Lucas 2:25-32

buscándolo primero. Siervos preparados,[177] vestidos y ávidos de ver las grandes cosas que en sus días Dios también está por hacer. Preocupados con una sola cosa, Jesús. Él es su tesoro y recompensa; y vaya que Él sí sabe recompensar.

DOS VALIOSAS LECCIONES MINISTERIALES

En ese mismo pasaje de Lucas, aparece que Pedro básicamente se detiene y pregunta (y este es típico Pedro): "Eso que estás explicando, Jesús, ¿es para nosotros los líderes exclusivamente, o es para todos?". Su pregunta es música para mis oídos, porque la respuesta de Jesús destaca dos valiosas lecciones del ministerio cristiano.

La primera gran lección es que el servicio cristiano es un maravilloso privilegio. Y si ocurre que tú eres una de esas personas dedicadas al ministerio, permíteme subrayarte lo siguiente en esta coyuntura. Cuando alguna vez te encuentres diciéndote a ti mismo, "¿En qué habría estado pensando yo cuando dije que sí al ministerio?", o "Yo no puedo hacer esto", o "Ya no quiero hacer esto." Recuerda bien estas palabras: Dios te llamó. Dios vio en ti aptitud para el servicio cristiano. Lo primero que vio fue que serías fiel. Él pensó que podía confiarte la responsabilidad de dirigir a sus demás siervos, y alimentarlos. ¡Wao! Y lo segundo que vio en ti fue, sensatez. Proverbios 19:11 dice que "La persona sensata no pierde los estribos, y se gana el respeto pasando por alto las ofensas". Y créeme, en el ministerio tendrás que pasar por alto muchísimas ofensas.

---

[177]   Ver Lucas 12:35-38

La segunda lección es, que el servicio cristiano, además de ser un maravilloso privilegio, es también un terrible privilegio. Jesús básicamente le dice a Pedro algo así como "Regresando a tu pregunta, Pedrito, es cierto, mi ilustración es para ustedes. Pero no es solo para ustedes. Es también, para todos los que me sigan. Aunque con esta sola diferencia, que al que se la ha confiado mucho, se le exigirá más"[178].

Entiende esto bien, en la iglesia del Señor, nadie debería apresurarse jamás a tomar una posición de liderazgo. Y a menos que estés completamente seguro de que Dios te llamó a tomarla, te aconsejaría mucho que no la tomes. A muchas personas que llegan diciéndome que tienen un llamado pastoral, típicamente les digo que, si pueden dedicarse a otra cosa, que mejor se dediquen a eso y no al pastorado. Casi siempre les permito que me miren raro por un rato y entonces les digo "No es que no puedas hacer otra cosa, o estudiar otra cosa, es que si verdaderamente Dios te llamó, simplemente no podrás hacer otra cosa."

Pero entiende también esto, resistirte a responder al llamado, prefiriendo ir por la vida a la segura, y muriendo de aburrimiento existencial, no te exime de tu privilegiada responsabilidad. Desde la primera vez que leí la parábola de los talentos[179], noté que es a quien lo entierra por miedo a hacerlo mal, al que en realidad le va muy mal.

El llamado al ministerio es un maravilloso privilegio y es también un terrible privilegio. Pero igual, siempre es un privilegio. Y es arduo, pero no tiene por qué ser destructivamente

---

178 Lucas 12:48
179 Mateo 25:14-30

arduo. Y en el caso de aquellos a quienes Dios nos llama a cuidar pastores e iglesias; especialmente en una época cuando liderar se hace virtualmente imposible, más terrible y maravilloso es nuestro privilegio.

EL VERDADERO JESÚS

Tengo la sospecha de que el versículo 49 del Evangelio de Lucas, capítulo 12, en realidad debió estar en la sección donde termina el versículo 48. Y es que todo el tiempo Jesús ha estado hablando acerca de tesoros, deseos, responsabilidad delegada, y del regreso del amo. Y creo que esa sección debería cerrar con una de las más explícitas descripciones acerca de qué es lo que hace que el corazón de Jesús haga "tic": "Yo he venido a prender fuego en el mundo; y ¡cómo quisiera que ya estuviera ardiendo!"[180]

Ahí tienes al verdadero Jesús. Un Jesús apasionado. Un Jesús que desea profundamente. No hay apatía alguna aquí. No hay desapego emocional. Ni una pose políticamente correcta. No hay suavidad ni pasividad alguna. Jesús está acá como un rayo láser, enfocado. Él arde de pasión por el dramático significado y el sin igual alcance de su gigantesca misión redentora. Alguien que se visualiza a sí mismo como un fuego que está por arropar al mundo entero. Alguien, que aun cuando sabe que le espera la más severa lucha, apenas sí puede esperar a terminar de hacer todo lo que se propone hacer.

Por lo que aprovecho este momento para decirte uno de mis secretos en el ministerio. Si alguna vez te sientes

---

[180]   Lucas 12:49 DHH

desanimado, cansado, o como que la apatía parece haberse mudado a vivir contigo, o el cinismo, o el miedo a la inmensa responsabilidad sobre tus hombros. Y si la injusticia con la que a veces nos tratan algunas de esas mismas personas a las que intentamos ayudar, te está pasando factura. Nada hay para eso como pasar más tiempo conociendo, contemplando, disfrutando y escuchando, a este Jesús prendido en llamas, cuya presencia, deliciosa y terrible a la vez, es mejor que la vida.

Es por eso por lo que la iglesia se reúne. No nos reunimos para recibir consejos prácticos ni para recibir nuestra dosis regular de religión, y mucho menos para competir con cuantos asisten a otras iglesias. Lo hacemos para poder disfrutar de un amor que es mejor que la vida. Lo hacemos para poder beber del agua que realmente consigue apagar la sed. Y muchos hemos determinado regresar regularmente porque nunca se sabe qué es lo próximo que este Dios vivo querrá hacer en, y entre, nosotros. ¿Y quién querría perderse a Dios? Él desea encenderte con una pasión por él que te consuma. Él desea hacerte arder, pero de tal manera, que muchas más personas vengan a ver el incendio.

Pero la cuestión es esta: ¿Qué es lo que realmente más deseas tú? Y si al echar una honesta mirada a tus deseos, te das cuenta de que tu imaginación ha sido raptada por cosas secundarias y añadiduras. Si siendo honesto contigo mismo, te das cuenta de que tu atención se está difuminando como vapor entre una infinidad de cosas, entonces, hazte a ti mismo el favor de exponerte regularmente a la más auténtica belleza. La única que merece tener todo tu deseo así como tu más concentrada atención. Y que al contemplarla atrapará tu imaginación como ninguna otra cosa será capaz de hacerlo. La inigualable belleza de Aquel que sí sabe amar hasta el fin, y en cuyo reino, la vida es todo lo que siempre estuvo supuesta a ser. Y por la gracia de Dios, ¡a florecer!

Por eso es por lo que hacemos discípulos, porque es imposible estar apreciando y disfrutando la belleza que ya tenemos en Jesús y no compartirla. Imposible. Y es por eso por lo que también anhelamos más de Jesús. Más de la dirección de Jesús y menos de nuestra propia sabiduría. Más de la gracia de Jesús y menos de nuestro sudor religioso. Más del poder de Jesús y menos de nuestras estrategias humanas. Más de las promesas de Jesús, y menos de nuestra ansiosa especulación. Más del Espíritu de Jesús, y menos del espíritu del mundo. Más de lo que apasiona a Jesús, y menos de lo que apasiona al mundo. Más del descanso en Jesús, y menos de nuestro apuro por seguir produciendo. Más colaboración entre los de Jesús, y menos un competir entre nosotros. Más del verdadero Jesús, y menos del Jesús domesticado. Máxime cuando su amor por el mundo sigue siendo tan intenso como cuando por primera vez nos dijera: "...pero recibirán poder cuando el Espíritu Santo descienda sobre ustedes; y serán mis testigos, y le hablarán a la gente acerca de mí en todas partes: en Jerusalén, por toda Judea y hasta los lugares más lejanos de la tierra".[181]

"Todo Jesús para todo el mundo"[182] es algo más que la visión de la Alianza Cristiana y Misionera es el fuego que arde en el corazón del Salvador...y en el nuestro.

---

[181]   Hechos 1:8 NTV
[182]   Este eslogan ilustra la visión operativa de La Alianza Cristiana y Misionera.

157

Javier Gómez Marrero

Capítulo 11

El universo que en realidad está ahí

"No olvidemos que una verdad así no se puede simplemente aprender de memoria, como se aprenden los hechos de la ciencia física. Hay que experimentarlos, antes de que podamos conocerlos realmente".

— A.W. Tozer
Pastor y reconocido autor estadounidense

Las ideas que escuchamos repetidamente terminarán calando en lo más profundo de la imaginación colectiva. Formando parte de la jerga cotidiana y de la cultura de la calle. Sin embargo, nunca habíamos tenido la capacidad tecnológica para tener acceso a tanto contenido a la vez, ni a un universo de ideas tan variado. Aun así, pienso que el apóstol Pablo habría podido relacionarse muy bien con dicha saturación de ideas, a raíz de su propia experiencia de la urbe en el apogeo del imperio romano.

Pablo llama a dichos sistemas de ideas "corrientes de nuevas enseñanzas"[183], refiriéndose así a sistemas de pensamiento que consiguen organizarse hasta alcanzar la proporción de cosmovisiones. Fenómeno que la iglesia en sus inicios siempre tuvo muy en cuenta a la hora de ir y hacer discípulos y

---

[183]   Efesios 4:14

cuánto más ahora nosotros en medio de una sociedad tan globalizada y polarizada como lo es la nuestra, donde muchas cosmovisiones buscan imponer simultáneamente su sabor preferido de la realidad.

Estas cosmovisiones cuyas ideas se absorben inadvertidamente en muchas de nuestras interacciones sociales y costumbres, forman un mosaico inestable de premisas que luce atractivo e inofensivo, al que llamamos nuestra cultura. La cual, sin embargo, parece haber perdido la capacidad para promover y sostener el discurso civil. En parte debido a las famosas burbujas creadas por los algoritmos que gobiernan los medios digitales, y en parte por la propia inmadurez cultural. Y así, a pesar de competir entre sí y verse plagadas de diferencias, todas ellas parecen poder coincidir en ver al ser humano como su propio salvador. Sea a través de la ciencia, sea a través de la religión, o a través del humanismo, se considera como un hecho la posibilidad de la propia justificación. Lo cual convierte al Evangelio entonces en una explicación de la realidad dramáticamente distinta al resto. Comenzando con que el Evangelio afirma que la vida abundante no la podemos producir por nosotros mismos, solamente podemos recibirla. Ubicándonos en una ruta totalmente inesperada, debido a nuestra engañosa manera de auto-percibirnos tradicionalmente. Pero existe otra manera.

EL CAMINO ANGOSTO

Thomas Keating escribió:

"...mientras avanzas hacia ese centro donde Dios te está esperando, necesariamente vas a sentir como que estás empeorando. Eso significa que tu peregrinaje espiritual no es una historia de éxito o crecimiento profesional. Es más bien, una serie de humillaciones a tu falsa-identidad".[184]

Jesús dijo que el camino que lleva a la vida es un camino angosto que pocos encuentran.[185] Algo que, a menudo, ha sido interpretado como refiriéndose a un camino arduo o difícil de atravesar. Sin embargo estoy convencido de que a lo que Jesús se está refiriendo es a un camino que nos resulta contra-intuitivo. En otras palabras, un camino que no se nos habría podido ocurrir a nosotros, ya que vivimos obsesionados con el propio esfuerzo y la autopreservación. Obsesión que le resulta atractiva a nuestra falsa manera de ser que se fundamenta en el mérito propio y la autogestión. Y a la que Jesús se refiere como el camino ancho, no por ser fácil y llevadero, sino por ser el único que jamás se nos podría ocurrir a nosotros: La justificación por el propio desempeño. Este es el yugo difícil y la carga pesada de la que, el Evangelio de Jesús, ofrece y puede librarte.

Por eso Efesios 4 es tan relevante para hoy. El apóstol Pablo escribe:

> "Entonces…no seremos arrastrados de un lado a otro ni empujados por cualquier corriente de nuevas enseñanzas. No nos dejaremos llevar por personas que intenten engañarnos con mentiras tan hábiles que parezcan la verdad. En cambio, hablaremos la verdad con amor y así creceremos en todo sentido hasta parecernos, más y más a Cristo, quien es la cabeza de su cuerpo, que es la iglesia. Él hace que todo el cuerpo

---

[184]   Thomas Keating, The Human Condition: Contemplation and Transformation. Paulist Press, 2014, 30. (Traducido con IA.)
[185]   Mateo 7:13-14

encaje perfectamente. Y cada parte, al cumplir con su función específica, ayuda a que las demás se desarrollen, y entonces todo el cuerpo crece y está sano y lleno de amor".[186]

Pablo no intenta aconsejar que es bueno decir la verdad sin gritar, ofender, o sin lastimar sensibilidades. Lo que de paso ciertamente sería siempre un buen consejo; siendo que el amor no puede hacer otra cosa que decir y hacer la verdad. Pero aquí Pablo ni siquiera se refiere a que la franqueza debería ser practicada con gentileza. A lo que él sí se está refiriendo es a ¡la verdad! El universo que en realidad está ahí. La verdad que describe y que define el corazón mismo de todo lo que existe. Es decir, la verdad recibida del propio Jesús, el Evangelio del Reino de Dios.

Desde que aquella infame criatura abrió su calumniosa boca[187] contra el carácter inmaculado de Dios, han estado pululando mentiras hábiles que buscan usurpar el lugar de la verdad. Las que históricamente han gozado de un amplio acceso al poder económico, político, y a muchas otras dinámicas culturales. Mas, con eso y todo, la principal y mejor defensa de la verdad será siempre, precisamente, su propia coherencia y su gran poder explicativo. En palabras de Jesús: "…la sabiduría demuestra estar en lo cierto por la vida de quienes la siguen,"[188] es decir, por su fruto.

Entonces el Evangelio tiene, no solo la estatura de un credo, sino de toda una manera de ver y de practicar, la realidad. Las cosas como en realidad son. Y es dicho mensaje de"

---

[186]   Efesios 4:14-16 NTV
[187]   Génesis 3:4-6
[188]   Lucas 7:35 NTV

"las cosas como son" lo que evangelistas, apóstoles, profetas, pastores y maestros, están llamados a trazar estrictamente bien y a transmitir intacto a la próxima generación de cristianos.[189] Equipándoles así para el ministerio, para que todo el cuerpo de Cristo alcance a madurar. Y en el continuo proceso de enseñar y experimentar la verdad, con la correspondiente humillación de esa falsa manera de ser con la que te presentas ante el mundo, podremos lograr tal unidad en la fe y el conocimiento del hijo de Dios, que maduremos en el Señor. Llegando a parecernos así cada vez más a Él. Y no a esa otra vieja manera de ser a la que nuevamente le peinaste el cabello esta mañana.

UNA FIEL DESCRIPCIÓN DE LA REALIDAD

Entonces, no es solo que asintamos a la enseñanza correcta, lo que debería importarnos mucho. Es que esa enseñanza correcta, y especialmente ese conocerle a Él, se vuelvan nuestra manera de pensar. Pero esto será a costa de esas muchas otras maneras de pensar, que sin darnos cuenta hemos ido absorbiendo de la cultura por años, desde el mismísimo momento en que nacimos. Maneras de pensar que han llegado a distorsionar hasta nuestra propia comprensión del Evangelio.

Así que aquellas creencias correctas comprendidas en el Evangelio no son solo afirmaciones bíblicas a las que hay

---

[189]   ...Cristo dio los siguientes dones a la iglesia: los apóstoles, los profetas, los evangelistas, y los pastores y maestros. Ellos tienen la responsabilidad de preparar al pueblo de Dios para que lleve a cabo la obra de Dios y edifique la iglesia, es decir, el cuerpo de Cristo. Ese proceso continuará hasta que todos alcancemos tal unidad en nuestra fe y conocimiento del Hijo de Dios que seamos maduros en el Señor, es decir, hasta que lleguemos a la plena y completa medida de Cristo — Efesios 4:11-13 NTV

que asentir para ir al cielo, sino que ellas son también la fiel descripción de la realidad que está ahí. Porque nunca ha tenido que ver con dar la contestación correcta a un examen de admisión, sino de vivir en el universo que en verdad está ahí. Incluyendo nuestra visceral necesidad de la ayuda y compañía de otros seres humanos.

Algo que en la buena, agradable y perfecta voluntad de Dios, asume la forma de una nueva sociedad en la que cada uno está dotado con alguna manifestación del poder de Dios, para provecho de todos. Porque el Reino de Dios se ha acercado, y está aquí ahora mismo. Tanto a través de la milagrosa comunión de los santos, como del propio Espíritu de Dios que ya mora activamente en los que han llegado a ser suyos. Aunque por momentos, no se sienta así. Y es que tu peregrinaje espiritual es la historia de una serie de humillaciones a tu falsa identidad. Humillaciones que oportunamente van a doler, por tratarse siempre de una especie de muerte. Como la muerte del humilde grano, poco antes de germinar.[190]

Esta es la verdad: pocas cosas te costarán más, o te dolerán más, que cambiar. Especialmente si se trata de cambiar tu forma de pensar y tus clásicas estrategias de supervivencia, las que utilizas a diario en medio de un mundo verdaderamente hostil. Es como intentar romper con un vicio. Algo que ninguno de nosotros puede hacer solo. Por eso es importante recordar que la genuina transformación es también un proyecto comunitario. Como dice el viejo refrán: "Se necesita un pueblo entero para criar a un niño".

---

[190]   Juan 12:24

YO NO ME HICE A MÍ MISMO

Es precisamente porque todos requerimos de esa aldea, que Pablo usa el cuerpo humano como ejemplo: "… y cada parte, al cumplir con su función específica, ayuda a que las demás se desarrollen, y entonces todo el cuerpo crece y está sano y lleno de amor".[191] Porque nadie puede hacerlo solo. La presunción 'yo me hice a mí mismo', es una de las mentiras más antiguas, más erradas y peligrosas de todas. Nos necesitamos unos a otros. Pablo añade:

> "…si Dios te dio la capacidad de profetizar, habla con toda la fe que Dios te haya concedido. Si tu don es servir a otros sírvelos bien. Si eres maestro enseña bien. Si tu don consiste en animar a otros, anímalos. Si tu don es dar, hazlo con generosidad. Si Dios te ha dado la capacidad de liderar, toma la responsabilidad en serio. Y si tienes el don de mostrar bondad a otros, hazlo con gusto. No finjan amar a los demás; ámenlos de verdad."[192]

Se trata entonces de una reformulación radical de toda la existencia humana. Comenzando con ¿qué es el ser humano?, ¿Cómo llega a saber uno quién es?, ¿Cuánto vale?, ¿Cuál podría llegar a ser nuestra más significativa contribución única?, y ¿ Cuál, o cuáles, no?

El Evangelio atiende magistralmente nuestra experiencia a ese respecto. Porque, es cierto, ¡no sabemos quiénes somos! Y por ende ni siquiera sabemos cómo ser. Por eso somos tan duros con nosotros mismos. Y por eso somos los líderes

---

[191]   Efesios 4:16 NTV
[192]   Romanos 12:6-10 NTV

mundiales del individualismo, como si fuera una virtud y no un vicio. Ya que, o te sientes tan poca cosa que tienes que demostrar que no necesitas a nadie; convirtiéndote en una persona exitosa con un ego terriblemente frágil… o te sientes tan poca cosa que no aportas nada, convirtiéndote en una persona fracasada con un ego aún más frágil.

En este momento cultural, pocas cosas urgen más que recobrar la cordura del Evangelio. Viviendo como personas, cuya noción de sí mismas no depende de su rendimiento, sino de haber sido creadas a imagen de Dios. Personas cuya competencia proviene nada menos que del Dios viviente y no de sí mismas. Personas que son incapaces de subestimar a nadie, empezando con ellas mismas.

Lo que Dios te ha encomendado para dar es grande, pero es grande porque Dios lo es. Así que jamás se te ocurra tener en poco tu contribución. Tampoco necesitas que otro la valore primero para sólo entonces sentirte con permiso de dar lo que Dios te ha dado. Valóralo tú, por dártelo Dios. Es valioso por eso, ya sea que lo sepan y lo aprecien otros, o no.

Entiende bien esto, por medio de Jesús, ya perteneces a la familia de Dios. Eres completamente aceptado. Vales mucho porque Dios te creó con esa valía, al darte su propia imagen. Eres competente, gracias a que el Espíritu de Dios vive en ti. Él es tu competencia, y Él está presto para actuar a través de ti. Es por esto por lo que debo insistir en que:

> "…si Dios te dio la capacidad de profetizar, habla con toda la fe que Dios te haya concedido. Si tu don es servir a otros sírvelos bien. Si eres maestro enseña bien. Si tu don consiste en animar a otros, anímalos. Si tu don es dar, hazlo con generosidad. Si Dios te ha dado la

capacidad de liderar, toma la responsabilidad en serio. Y si tienes el don de mostrar bondad a otros, hazlo con gusto. No finjan amar a los demás, ámenlos de verdad".[193]

EL AMOR FINGIDO

El amor fingido es señal de inmadurez y de miedo. ¿Sabes por qué? Porque las personas fingen para manipular a los demás. Y es que estar por tu cuenta te coloca en una posición vulnerable que te mueve a protegerte del otro, manipulándolo.

Por otro lado, el amor es señal de madurez, porque quien está seguro de quién es, no se percibe como hallándose en una posición vulnerable ni se ofende fácilmente. Alguien que está seguro de su identidad no verá al otro como una amenaza a su valor.

Así que aquel que finge amar posee una identidad frágil que es esclava de la vergüenza. Y hasta que no seamos verdaderamente libres de esa vergüenza nuestro amor no será sino una pobre mueca de todo lo que podría llegar a ser. La libertad llega al confiar en el perfecto desempeño de Jesús acreditado para siempre a mi favor por Dios mismo. No se puede condenar ni avergonzar a quien Dios ya ha llamado justo basado en los méritos eternos de Su glorioso Hijo.[194] Esto se aprecia muy bien en las palabras de un viejo himno: "Cristo solo es quien nos salva, nuestras culpas Él borró, su justicia nos ha dado, con

---

[193]   Ibid.
[194]   Romanos 8:33 NTV

su sangre nos limpió".[195] Su impecable justicia ha venido ahora a ser la mía por siempre y para siempre.

Jesús hace que todo el cuerpo encaje perfectamente. Y, por medio del intencional efecto multiplicador, en el que la persona cristiana ejerce el ministerio y a su vez recibe el ministerio de otros — todo en el nombre de Jesús — podemos cumplir con el glorioso anhelo de Dios. ¡Florecemos! Ya sea en las artes, medicina, ciencia, educación, deporte, relaciones, protección del ambiente, etc. Y junto a todo ese crecimiento, también sanamos de cuanto trauma emocional, psicológico o espiritual suframos. Llenándonos del amor que caracteriza al mismísimo Dios.

Pero eso no parece ser lo que a menudo vemos en las iglesias. En parte, porque el mero asentir a ciertas creencias no es suficiente. Hace falta también entender, encarnar y extender, el Evangelio. Y es en ese contexto, en el que la función específica de cada uno está supuesta a tener su más transformadora influencia. No se trata de correr programas. Ni siquiera hay que ser cristiano para correr programas. Se trata de un Evangelio que es relevante para toda nuestra necesidad. Necesitamos ser corregidos, exhortados, enseñados, reconciliados, asistidos económicamente, y vendados de heridas que han estado supurando durante décadas. Necesitamos ser escuchados por personas que no procedan a condenarnos, por perversa que sea la confesión. Necesitamos ser perdonados, aconsejados, celebrados, y practicar la mutua sujeción, así como todos esos 52 "unos a otros" que llenan las páginas del Nuevo Testamento.

---

[195]   Cristo solo. Himnos de la vida cristiana. 1967 Moody Publishers, Himno 222.

Necesitamos respetar nuestras múltiples limitaciones, pedir ayuda, y también permitirnos recibirla, pero eso sí, sin sentirnos endeudados.

Y necesitamos una iglesia que, en lugar de reflejar la cultura que la rodea, refleje la cultura o política pública del Reino de Dios. Especialmente cuando nos aventuremos a salir a esa peligrosa ciudad que la Biblia llama Babel, y luego Babilonia, que es donde te ganas la vida y donde ubica tu actual residencia. Una ciudad cuya cabeza es otra.

EL CREDO DEL HOMBRE MODERNO

Steve Turner escribió un poema satírico titulado El Credo del hombre moderno, y este lee así:

"Creemos en Marx, Freud y Darwin. Creemos que todo está bien siempre y cuando no le hagas daño a nadie, según tu mejor definición de lo que es hacer daño, y de acuerdo con tu mejor definición de lo que es estar bien. Creemos en el sexo antes, durante y después del matrimonio. Creemos que el pecado, puede ser tratado con terapia. Creemos que el adulterio es divertido. Creemos que la sodomía está bien. Creemos que los tabúes son precisamente eso: tabúes. Creemos que las cosas han ido mejorando, aunque hay evidencia que demuestra lo contrario. La evidencia debe ser investigada y uno puede probar cualquier cosa a través de la evidencia. Creemos que hay algo en esto de los horóscopos, los ovnis y las cucharas dobladas. Jesús era un buen hombre tanto como Buda, Mahoma, y nosotros mismos. Él era un buen maestro de moral aunque pensamos que su moralidad era realmente mala. Creemos que todas las religiones son básicamente iguales. Todas creen en el amor y la bondad. Sólo se diferencian

169

en asuntos relativos a la creación, al pecado, al cielo, al infierno, a Dios y a la salvación. Creemos que después de la muerte no hay nada porque cuando le preguntas a los muertos qué sucede allí, no dicen nada. Si la muerte no es el fin, si los muertos han mentido, entonces debe haber un cielo obligatoriamente para todos. Excepto, quizás, para Hitler, Stalin y Genghis Khan. Creemos en Masters & Johnson. Creemos en lo que escoja el numero promedio. Lo que es promedio es normal. Lo que es normal está bien. Creemos en el desarme total. Creemos que hay vínculos directos entre la guerra y el derramamiento de sangre. Los americanos deben convertir sus armas en tractores y los rusos seguirán seguramente el mismo ejemplo. Creemos que el ser humano es esencialmente bueno. Es sólo su conducta que lo traiciona. Esto es culpa de la sociedad. La sociedad tiene la culpa de las condiciones y las condiciones son el problema de la sociedad. Creemos que cada persona debe encontrar la verdad que es correcta para sí mismo y entonces su realidad se adaptará a ello. También el universo lo hará y la historia se alterará. Creemos que no existe una verdad absoluta, excepto la verdad absoluta, de que no existe una verdad absoluta. Creemos en el rechazo de todo credo, y en el florecimiento del pensamiento individual. Si la casualidad es el Padre de toda carne, el desastre es su arcoíris en el cielo. Y cuando escuchas: ¡Estado de emergencia! ¡Un francotirador mata a diez! ¡Tropas alborotadas! ¡Los blancos van tras el botín! ¡Escuela de bombas explosivas! No es más que el sonido del hombre adorando a su creador".[196]

---

[196] Steve Turner, (periodista Inglés), "Modern Thinker's Creed," su poema satírico sobre la mente moderna. (Traducción ha sido adaptada por el autor).

Porque cual sea la cabeza será el cuerpo. Nuestros credos no son meramente aquellas afirmaciones que decimos creer sino las que nuestras huellas dactilares representan con innegable contundencia. Y solo a la manera del Reino de Dios podrá cada cosa finalmente encajar en su lugar. Las cosas como en realidad son.

Nuestra fe también deberá ser necesariamente dactilar; o si no será cualquier cosa menos la fe entregada una vez y para siempre a los santos. Y la iglesia ha de ser, necesariamente también, el cuerpo de Cristo en su respectiva localidad, o será solamente otro club.

MI VERSO DE VIDA

Quiero compartirles lo que ha llegado a convertirse en mi verso de vida. Y estoy en buena compañía, porque fue también uno de los versos que más citó en casi toda su obra, el amado pastor, y así llamado profeta del siglo veinte, A.W. Tozer. Además, en muchos sentidos, dicho verso ha sido siempre uno central para la teología Aliancista. Un verso del cual la Alianza temprana, y especialmente Tozer, escribieran libros completos.

Pienso que ese verso, aún antes de haber sido escrito en la carta que lo inmortalizara, ciertamente afectó también de manera profunda la vida cristiana de su propio autor, el apóstol Pablo. Muchas veces casi he podido imaginarme a Pablo recitándoselo a su propia alma, como habría de ayudar luego a otros a hacer lo propio, al ponerlo por escrito. Pues como todos ellos, yo he sido salvado también a menudo de la desesperación, al procurar recitárselo a la mía.

"Con Cristo estoy juntamente crucificado, y ya no vivo yo, sino que Cristo vive en mí; y lo que ahora vivo en la carne, lo vivo en la fe del Hijo de Dios, el cual me amó y se entregó a sí mismo por mí".[197]

¿Qué es lo que esencialmente Dios nos pide que hagamos? Ciertamente no es lo que uno esperaría.

Lo primero y más importante es morir. Lo cual, en función de Gálatas 2:20, se refiere a recordar y reconocer que todo lo que te definía, para bien y para mal, ya no lo hace. Para bien, porque lo procurabas y defendías teniéndolo por ganancia al hacerte sentir valioso, como abolengo, inteligencia, destrezas, carisma, belleza, conexiones, títulos. Y para mal, porque se refiere a cosas que habrías preferido que nunca hubieran pasado, como culpas, traumas, vergüenzas, recuerdos dolorosos y especialmente tus muchos pecados. En fin, todo aquello que en esencia definía tu identidad, ya fuere aquello de lo que te enorgullecías o aquello de lo que te avergüenzas, ya fue crucificado con Cristo. Ya nada de eso te define. Morir es recordar y reconocer – aquí y ahora mismo, y cada momento despierto – que ya nada de eso te define.

Todas esas cosas han sido crucificadas con Cristo. Así que, no permitas que te sigan definiendo. ¡Ya no eres esa persona! Lo que te define es Cristo en ti. ¡Él mismo! Su vida, su paz, su gozo, su paciencia, su justicia, su rectitud, sus anhelos, sus fuerzas, su amor, y su sacrificio por todos tus pecados. Pues ahora, Él mismo vive su vida en ti.

De nuevo, ¿qué es lo primero que Dios nos llama a hacer? Morir. Y solo después de eso, podrás entonces vivir. Al

---

[197]   Gálatas 2:20b

comprender que el Hijo de Dios es lo único que ahora te define — "…(Él) me amó y entregó su vida por mí"[198] – lo único que en realidad importa es que soy inmensamente, intensamente, y profundamente, amado. Alguien me valora de tal modo que entregó su preciosa vida por mí. No he sido olvidado. No he sido descartado. No he sido dejado solo. No tengo nada que probar. No tengo nada que esconder. No tengo que ganarme absolutamente nada. Sólo confío en Él. Sólo lo recibo a Él. Sólo lo sigo a Él.

Que glorioso es saber que, cuando Jesús tomó mi lugar actuando en representación mía, en Él yo también fui crucificado, mi pecado castigado, y mi vergüenza cubierta. Y que en Él yo también resucité a una vida nueva. Cristo mismo vive ahora en mí por medio del Espíritu Santo, y por eso vivo dependiendo de Él, y descansando en aquello que Él ya realizó por mí, en representación mía. Estoy completo en Él. ¡Aleluya!

Esa verdad revolucionó al mundo. La gente se cuestionaba incrédula, "¿Es esto siquiera legal, puede una persona asumir plenamente la representación de otra y tomar su lugar?". Es una noticia tan buena que resulta difícil de creer. Y es que, si anunciamos bien el Evangelio, esa es precisamente la reacción que se debe esperar de todo el que lo escucha, si es que también lo escucha bien. Simplemente deseará que sea verdad.

¡Este glorioso Evangelio lo cambia todo! Por eso Pablo afirma exuberante de gozo:

> "Pero cuantas cosas eran para mí ganancia, las he estimado como pérdida por amor de Cristo. Y ciertamente, aun estimo todas las cosas como pérdida por la

excelencia del conocimiento de Cristo Jesús, mi Señor, por amor del cual lo he perdido todo, y lo tengo por basura, para ganar a Cristo, y ser hallado en él, no teniendo mi propia justicia, que es por la ley, sino la que es por la fe de Cristo, la justicia que es de Dios por la fe; a fin de conocerle, y el poder de su resurrección, y la participación de sus padecimientos, llegando a ser semejante a él en su muerte" (Filipenses 3:7-10).

El Evangelio anuncia y celebra la excelsa identidad de Jesús, y que Su obra terminada salda la deuda de pecado a quienes acepten que Jesús tome su lugar en representación suya. Estando totalmente convencidos de que hacerlo es incomparablemente mejor que seguir confiando en sí mismos y en lo que, hasta ese momento, les parecía valioso hacer o tener para sentirse seguros. La invitación del Evangelio a aceptar confiadamente el amoroso ofrecimiento de Jesús, de tomar Él nuestro lugar, es la mejor noticia capturada jamás por el oído humano.

Capítulo 12

Encontré lo que buscaba

"En nuestras iglesias cada vez que comenzamos un servicio de adoración, alguien debería dar instrucciones como las que escuchamos en los aviones antes de partir: "Dios estará aquí hoy, y puede que enfrentemos alguna turbulencia. Cuando él venga ponga su asiento en la posición vertical y amárrese bien el cinturón, puede que experimente varias sacudidas. Si es necesario se le proveerá oxígeno; úselo asegurándose de respirar normalmente, y luego ayude a su vecino. La atmósfera se torna algo fina hacia donde vamos. ¡Ah!, y gracias por escoger adorar con nosotros en el día de hoy"."

— Terry Wardle
Profesor, autor y fundador de
Healing Care Ministries

El apóstol Juan comienza su Evangelio advirtiendo que "Nadie ha visto jamás a Dios, el Hijo único, que es Dios, y que vive en íntima comunión con el Padre, es quien nos lo ha dado a conocer".[199] Y es que en breve Jesús nos daría a todos una visión de Dios sin precedente, la cual en más de un sentido llegaría a abrirnos el cielo de par en par. "Les aseguro que ustedes verán abrirse el cielo, y a los ángeles de Dios subir y bajar

---

[199]   Juan 1:18 DHH

sobre el Hijo del hombre". [200] Esto le advertiría Jesús más tarde a Natanael.

El Evangelio de Juan conserva una buena parte del registro de esos cielos abiertos. Lo que es interesante, pues los judíos habrían podido jurar que ellos ya tenían un concepto correcto de Dios. Y creo que por muy buenas razones. Para empezar, tenían a Moisés, tenían mandamientos y profetas; y tenían también una relación con Dios nada menos que milenaria.

Pero en Jesús, ellos están por descubrir que ignoran hasta las verdades más básicas acerca de la gloria de Dios. Y si, incluso, según el capítulo tres del Evangelio de Juan, maestros de Israel como Nicodemo ni siquiera podían entender las explicaciones de corte terrenal que les ofrecía Jesús,[201] ¿cómo habríamos de asimilar nosotros jamás las del cielo?

C.S. Lewis, hablando acerca del cielo, en un sermón que precisamente tituló El peso de Gloria, dijo:

"Al hablar de este deseo por nuestra patria lejana, que encontramos en nosotros mismos incluso ahora, siento cierta timidez. Estoy casi cometiendo una indecencia. Estoy tratando de arrancar el secreto inconsolable en cada uno de ustedes, el secreto que duele tanto que se vengan de él llamándolo con nombres como Nostalgia, Romanticismo y Adolescencia; el secreto también que penetra con tal dulzura que cuando, en una conversación muy íntima, la mención de él se hace inminente, nos volvemos torpes y fingimos reírnos de nosotros mismos. El secreto no podemos esconderlo y no podemos contarlo, aunque deseamos hacer ambas cosas. No podemos contarlo porque es un deseo por algo que

---

[200]   Juan 1:51 NVI
[201]   Juan 3:12

nunca ha aparecido realmente en nuestra experiencia. No podemos ocultarlo porque nuestra experiencia lo sugiere constantemente, y nos traicionamos como amantes ante la mención de un nombre. Nuestro recurso más común es llamarlo belleza y comportarnos como si eso hubiera resuelto el asunto... Los libros o la música en la que creíamos que se encontraba la belleza nos traicionarán si confiamos en ellos. No estaba en ellos, solo venía a través de ellos, y lo que venía a través de ellos era anhelo. Estas cosas —la belleza, la memoria de nuestro propio pasado— son buenas imágenes de lo que realmente deseamos; pero si se confunden con la cosa misma, se convierten en ídolos mudos, rompiendo los corazones de sus adoradores. Porque no son la cosa misma. Son solo el aroma de una flor que no hemos encontrado, el eco de una melodía que no hemos escuchado, noticias de un país que nunca hemos visitado".[202]

GK Chesterton supuso con razón que los Evangelios apenas hablan de la risa de Jesús porque esto habría sido demasiado para nosotros. Y de ahí que al final de su clásico libro, Ortodoxia, Chesterton escriba:

"La alegría, que es supuestamente la principal publicidad del paganismo, ¡es el secreto gigantesco del cristianismo! Y al terminar, vuelvo a abrir el extraño librito del que provino todo el cristianismo, y encuentro allí una especie de confirmación tras la inmensa figura que llena los rascacielos del Evangelio; muy por encima de todos los pensadores que se creyeron grandes. Su

---

[202] Del hermoso sermón de C. S. Lewis, "El Peso de Gloria" predicado primero en la [Oxford] University Church of St Mary the Virgin en el 8 de junio del 1941, y que fuera publicado en el Theology 43 (November 1941): 263-74, y luego en 1949 por Macmillan en New York como *The Weight of Glory, and Other Addresses*. (Traducido con IA.)

seriedad fue natural; casi fortuita. Los estoicos siempre se enorgullecieron de esconder sus lágrimas. Jesús nunca ocultó sus lágrimas, él siempre las mostró, especialmente ante su amada Jerusalén. No obstante Él, sí escondió algo. Los superhombres y los diplomáticos imperiales se enorgullecieron de refrenar su ira. Jesús nunca refrenó su ira. Derribó las mesas por la escalinata del Templo y preguntó a la gente cómo esperaba librarse de la condenación del infierno. No obstante, Jesús sí refrenó algo. Lo digo con reverencia; en esa personalidad intensa había un rasgo que debió ser timidez. Hubo en Jesús algo que él escondió de todos cuando subía al monte a orar. Hubo algo que constantemente ocultó, ya fuera con silencio repentino, o con impetuoso aislamiento. Cuando él caminó sobre esta tierra, hubo en él algo demasiado grande como para que Dios nos lo revelara; y algunas veces se me ha ocurrido pensar, que era su alegría".[203]

Lo que Chesterton y Lewis intentan decir es que la gloria del cielo es como nada que conozcamos. Por eso, incluso Handel, cuando intentaba explicar qué fue lo que le inspiró a escribir su famoso coro Aleluya de su obra El Mesías, pudo identificarse con ese mismo sentimiento. Su obra, escrita apenas en veintidós horas y que hoy en día es la que más presentaciones ha tenido en la historia, surgió, según Handel, de una experiencia en la que percibió los cielos abiertos y a Dios ante una sobrecogida audiencia celestial. La primera vez que se escuchó su obra, muchos dijeron que les había gustado. "¿Gustado?" preguntó Handel, "Pues qué decepción tan grande; esperaba lograr más que eso, esperaba hacerlas mejores personas

---

[203] G.K. Chesterton, Ortodoxia. (Hendrickson Publishers, 2006), 155. (Traducción del autor.)

que eso, no es esa la respuesta que el Aleluya debió provocar-les".[204]

LOS SERES HUMANOS NECESITAMOS ESTO

El celo, el amor, y la actitud reverente hacia la gloria de Dios, consumía a Jesús. Y su famosa enérgica reacción en el templo de Jerusalén[205], deja ver cuál debería ser la adecuada postura y actitud, si se lo puede llamar así, ante la gloria de Dios. Así como el incomparable contraste entre la vida en la tierra y la vida en el cielo.

Los seres humanos necesitamos esto. De eso trata precisamente nuestra perdición, de que hemos pecado y estamos destituidos de la gloria de Dios. Y ni siquiera comenzamos a sospechar de cuánto es que nos estamos perdiendo. Aun cuando a diario continuamos sufriendo los angustiantes síntomas de todo ello.

Las tinieblas de nuestra asfixiante condición humana son el explícito síntoma de nuestro crudo exilio de la gloria de Dios. Y el celo que Jesús demostró sentir en aquel templo — porque algo precioso estaba siendo atropellado — dice

---

[204] Jerry Newcombe. "The story behind Handel's Messiah". The Christian Post. 28 de diciembre de 2018. Accedido el 27 de noviembre de 2024. https://www.christianpost.com/voices/the-story-behind-handels-messiah.html (Traducción del autor.)

[205] "Y haciendo un azote de cuerdas, echó fuera del templo a todos, y las ovejas y los bueyes; y esparció las monedas de los cambistas, y volcó las mesas; y dijo a los que vendían palomas: Quitad de aquí esto, y no hagáis de la casa de mi Padre casa de mercado. Entonces se acordaron sus discípulos que está escrito: El celo de tu casa me consume". Juan 2:15-17

muchísimo del amor de Dios por cada ser humano y de que el devolvernos acceso a Dios tiene todo que ver con ese amor.

Porque seguramente nadie se habría ofendido allí ese día si Jesús hubiera volcado las mesas de los publicanos cuando recaudaban impuestos para Roma, en vez de las mesas que termina volcando. Es más, todos lo habrían aplaudido gustosamente. Pero, Jesús vuelca las mesas de otra gente. Las de los oficiales religiosos que trabajaban en el templo. Y sospecho que Jesús lo hizo porque nada importa más que proveer acceso a Dios. ¡Al mundo le urge Dios! Y a ti y a mí también. Ese es el Evangelio, el hecho de que Jesús vino para devolvernos pleno acceso a Dios. Jesús vino para darnos a Dios.

El templo estaba allí precisamente para proporcionarle el acceso a Dios, ¡a todos! Pero eso no era lo que estaba pasando. Lo que sí estaba pasando era que había un montón de obstáculos que estaban bloqueando dicho acceso. Tradiciones de hombres, luchas de poder, desprecio del que piensa diferente, partidismos, miedo al cambio, etiquetas para saber quién está dentro y quién está afuera. Listado que apenas estaríamos comenzando a tocar. Por lo que, mientras más lo pienso, más sentido me tienen todas aquellas mesas volcadas. Pues si Dios es como Jesús dice que es, entonces nada importa más que gozar de pleno acceso a Dios. Y con él, acceso a tu verdadera identidad, acceso a toda la ayuda que necesitas, acceso a esperanza, a una familia espiritual y a un amor que prodiga seguridad, significado, y pertenencia.

La iglesia no se reúne cada semana para consumir un producto religioso; ni siquiera somos estrictamente nosotros los que técnicamente terminamos reuniéndola. Es Dios quien la reúne; ni siquiera somos nosotros el actor principal. Y nos reúne, más que para darnos algo, para dársenos Él mismo; para que así podamos tenerlo a Él de nuevo. Dios nos reúne para ayudarnos a recobrar la cordura. Dios nos reúne para decirnos cómo es que funciona el mundo. Y cómo es que estamos supuestos a funcionar nosotros. Y lo hace para que finalmente consigamos adorar, como habíamos deseado toda la vida poder llegar a hacerlo.

David Foster Wallace escribió:

"Todo el mundo adora. La única diferencia que tenemos es qué adorar. Pero cuidado, las cosas que típicamente adoras, tenderán a comerte vivo. Adora al dinero y las cosas materiales y nunca lograrás sentir que tienes lo suficiente. Adora tu cuerpo, la belleza y el atractivo sexual y siempre te sentirás feo(a). Y cuando los años comiencen a facturarte morirás un millón de muertes antes de llegar al final".[206]

Tú y yo necesitamos escuchar esa advertencia, ¡cuidado con lo que adoras! Porque, si es cierto que primero nosotros formamos nuestros hábitos, y que luego nuestros hábitos nos forman a nosotros, entonces vivir en una sociedad materialista ha estado formando nuestra identidad y la identidad de los nuestros. Agresivas propagandas, redes sociales, medios de comunicación masiva, así como la sabiduría popular incrustada en toda forma de arte que informa nuestros sentidos, capturan a diario nuestra imaginación con mentiras hábilmente

---

[206]   David Foster Wallace. "This is Water". David Foster Wallace's 2005 commencement speech to the graduating class at Kenyon College. Farnam Street Media Inc. Accedido el 27 de noviembre de 2024. https://fs.blog/david-foster-wallace-this-is-water/ (Traducción del autor.)

disfrazadas acerca de qué es y cómo es la buena vida, y qué hay que hacer para llegar a obtenerla.

No es de extrañar entonces que tras semejante acondicionamiento cultural, vayamos por la vida pensando que el mundo gira alrededor de nosotros. Incluida la Iglesia, la que, igualmente nos dirigimos semana tras semana, como si estuviéramos dirigiéndonos al centro comercial. Es decir, a consumir un producto.

¿SABES QUÉ ES LO QUE BUSCAS?

Vivir en esta sociedad materialista no te ha hecho mucho bien que digamos. Existe una pregunta que corrobora lo abarcadora que es la presencia de dicha visión de consumismo en nuestra sociedad. Y tú, y yo, la escuchamos a diario, al pararnos frente a toda caja registradora: "¿Encontró todo lo que buscaba?" Por eso, muy ingenuamente, decimos cosas como "Me gustó el devocional, me gustó el sermón, ah, y me gustó el Aleluya de Handel". Es que esperamos que haya buena música y predicación. Y que ofrezcan un programa que sea bueno, balanceado, y que administre bien el tiempo. Queremos buena calidad en los anuncios, ceremonias, y en todo lo que se tenga que presentar. Y sin embargo, en muchas iglesias no estamos necesariamente esperando que Dios irrumpa poderosamente en la reunión. Temo que eso explica en parte la poca transformación que típicamente estamos atestiguando en nuestras iglesias.

Cantamos y escuchamos sermones, pero aun sin darnos cuenta, comenzando conmigo mismo, tendemos a hacerlo como consumidores y no como auténticos adoradores. Y cambiar eso va a requerir que empecemos a volcar algunas mesas en nuestras ajetreadas y distraídas vidas. Viejos hábitos que necesitamos comenzar a cuestionar a la brevedad posible. Prácticas que alinean nuestra manera de pensar con aquella de la cultura dominante.

Muchos de esos hábitos, supuestamente inocentes, incluyen el ir de compras al centro comercial, ver o asistir a un concierto, ver o asistir a un evento deportivo, elegir del menú de un restaurante, así como del menú de Netflix, Spotify, Amazon Prime, AppleTV, y Disney+. Por lo que vamos a necesitar tomar decisiones que podrían llegar a ser tan radicales, que se sentirán a veces como volcar una enorme cantidad de mesas. Pero decisiones que poco a poco, irán formándonos en la clase de personas que comienzan a encontrar a Dios, como algo mucho más bello que cualquier otra persona o experiencia de este mundo. Personas para quienes dedicarse a la causa de Cristo se siente como la mejor inversión de sus vidas. Gente cuya copa rebosa, con mucho más de lo que podrá jamás contener.

SOLUCIONES PARA LOS PROBLEMAS EQUIVOCADOS

Nuestra gente se la pasa moviendo cielo y tierra buscando cómo arreglar los problemas de este mundo. Pero no logran dilucidar cuál es el principal problema. Les ocurre como con aquellas tres tentaciones en el desierto, que eran aparentes soluciones, pero a todos los problemas equivocados. Convierte estas piedras en pan. Lánzate del pináculo del templo. Todos estos reinos te daré, si me adoras. Y claro que importa el pan, pero más importa cada palabra que sale de la boca de Dios. Y claro que importa el templo, pero importa aún más la gracia de

Dios. Y claro que importa el poder político, pero importa mucho más tu lealtad al auténtico Rey.[207]

La ansiedad de la condición humana estriba, en parte, en no tener esas cosas: alimento, trascendencia, poder político. Pero principalmente estriba en no saber quién eres, de quién eres, y para quién eres. Estriba en pretenderte ser Dios siendo criaturas; enajenándonos así de la realidad. Y, si el diablo ha hecho algo extraordinariamente bien, es distraerte con problemas que son solo los efectos secundarios del verdadero problema. Perderte de la gloria de Dios, y del universo que en verdad está ahí, ¡es el verdadero problema! Porque solamente allí, todo es como debe ser. ¿Pan, trascendencia, poder político?, ciertamente lo necesitamos; pero eso no es lo que más necesitamos. Lo que más necesitamos es a Dios. Las personas sufren, pero es por no tener acceso a Dios, y por tanto tampoco, a sus verdaderas identidades, a su hábitat natural, a un lugar en la mesa, a la buena vida, a un alma que no esté dividida, a un propósito para su sufrimiento, ni al amor perfecto que les da seguridad, significado, y afecto.

Es enorme todo lo que está en juego. Así que volquemos las mesas que tengamos que volcar. Despejándole el camino hacia Dios, a todos. Comenzando con nuestra propia alma, que abarrotada de mesas llenas de 'inocentes' hábitos seculares sofocándola, se halla tremendamente sedienta de la gloria de Dios. Y si no estás en las de volcar mesas, entonces al menos, ¡da un buen manotazo en una!

Quizás así despertaremos, o despertaremos a alguien más que necesite hacerlo. No es para menos. Porque muchas

---

[207]   Mateo 4:1-11

veces se nos escapa la gloria aun teniéndola de frente. Y no la percibimos, aun cuando a diario Dios se la pase enviando en nuestra dirección una expresión tras otra de su gracia. Por lo que vivimos sin vivir. Sin darnos cuenta, sin detenernos a pensar en cientos de maravillas que damos por sentado.

"Un hombre se sentó en una estación del metro en Washington y comenzó a tocar el violín, en una fría mañana de enero. Durante los siguientes 45 minutos, interpretó seis obras de Bach. Durante el mismo tiempo, se calcula que pasaron por esa estación algo más de mil personas casi todas camino a sus trabajos. Transcurrieron tres minutos hasta que alguien se detuvo ante el músico. Un hombre de mediana edad alteró por un segundo su paso y advirtió que había una persona tocando música. Un minuto después el violinista recibió su primera donación, una mujer arrojó un dólar en la lata y continuó su marcha. Algunos minutos más tarde, alguien se apoyó contra la pared a escuchar, pero enseguida miró su reloj y retomó su camino. Quien más atención prestó fue un niño de tres años. Su madre tiraba del brazo, apurada, pero el niño se plantó ante el músico. Cuando su madre logró arrancarlo del lugar, el niño continuó volteando su cabeza para mirar al artista. Esto se repitió con otros niños. Todos los padres, sin excepción, los forzaron a seguir la marcha. En los tres cuartos de hora que el músico tocó, sólo siete personas se detuvieron y otras veinte dieron dinero, sin interrumpir su camino. El violinista recaudó 32 dólares. Cuando terminó de tocar y se hizo silencio, nadie pareció advertirlo. No hubo aplausos, ni reconocimientos. Nadie lo sabía, pero ese violinista era Joshua Bell, uno de los mejores músicos del mundo, tocando algunas de las obras más complejas que se han escrito, en un violín tasado en 3.5 millones de dólares. Dos días antes de su actuación en el metro, Bell consiguió llenar a capacidad un teatro en Boston, con boletos que promediaban los 100 dólares. La actuación de Joshua Bell de incógnito en el metro fue organizada por el diario The Washington Post como parte de un experimento social sobre la percepción, el gusto y las prioridades de las personas. La tesis era: En un ambiente banal y a una hora inconveniente, ¿percibiremos la belleza? ¿Nos detendremos a apreciarla? ¿Reconoceremos el talento en un contexto inesperado?"[208]

Piénsalo, si no sabemos escuchar a uno de los mejores músicos interpretar algunas de las mejores piezas musicales jamás escritas, a no ser que seamos como niños, ¿qué otras cosas gloriosas nos estaremos perdiendo?

UNA GLORIA PALPABLE

Dos historias vienen a mi mente acerca de cómo esa gloria es la única experiencia que podrá atraer jamás a un mundo que está tan dolorosamente distraído. La primera es la de un hombre que caminaba descalzo llevando el Evangelio en la India. Y cierta vez, luego de un largo día de muchos desalientos, llegó a cierta villa y trató de hablar del Evangelio; mas fue rechazado y lo echaron del lugar. Pero estaba tan exhausto que se quedó dormido bajo un árbol a la entrada de aquella aldea. Cuando despertó, todo el pueblo estaba reunido a su alrededor esperando escucharle hablar. El líder del pueblo explicó que al verle allí tirado, también pudiera notar sus pies destrozados de

---

[208] "Un músico con un Stradivarius de tres millones en el metro". Periódico Diario Libre. 20 de enero de 2009. Accedido el 27 de noviembre de 2024. Https://www.diariolibre.com/revista/un-músico-con-un-stradivarius-de-tres-millones-en-el-metro-HBDL185552

tanto caminar. Y concluyeron que debía ser un hombre santo, y que habían hecho mal rechazándolo. "Estamos arrepentidos y queremos escuchar cuál es aquella historia por la que usted ha estado dispuesto a sufrir tanto para poder dárnosla". Aquellos hermosos pies destrozados completaron las aflicciones de Cristo en favor de la Iglesia en ciernes de aquella remota villa.[209]

La segunda historia es la de una iglesia en Haití en la que hace muchos años se invitó a cada miembro a aportar algo de dinero para un esfuerzo evangelizador. Un líder relata que, en el sobre de un haitiano llamado Edmundo, encontraron trece dólares en efectivo. Suma que en aquel entonces equivaldría a unos cuatro o cinco meses de trabajo en Haití. Más tarde ese líder se encontró a Edmundo y asombrado por aquel gesto, le indagó más al respecto. Edmundo le dijo que había vendido su caballo para poder aportar los trece dólares. "¿Pero por qué no había asistido él al Festival?", le preguntó. Edmundo entonces titubeó y no quiso contestar. Finalmente accedió y dijo: "Es que yo no tenía camisa alguna que ponerme".[210] Existe otra manera. Y al mundo le urge conocerla. Nada importa más que eso.

Robert Jaffrey, quien sirviera como misionero a la China con La Alianza desde 1937; no se perdió su propia aventura, ni olvidó el precio de aquello que le había llevado allí. Por eso, cuando por su extraordinario dominio de la lengua china, la Standard Oil Company hizo malabares para contratarlo con tal de extender sus operaciones en dicho país, Jaffrey declinó. Luego de que varios intentos por reclutarlo fracasaran;

---

[209]   John Piper, Let the Nations be Glad: The Supremacy Of God In Missions. Inter-Varsity Press, 2020, 92.
[210]   Ibid, 93.

decidieron hacerle una oferta que otros posiblemente no habrían rechazado. La carta cursada a Jaffrey leía: "Jaffrey AT ANY PRICE". A lo que Jaffrey contestó: "Amigos, su salario es demasiado grande; su trabajo, demasiado pequeño".[211]

La iglesia que funcione bien será irresistiblemente atractiva. Imagínate una iglesia donde el don de hospitalidad no sirve solo para ser ujier sino para ser un lugar seguro en medio de un mundo inhóspito. Imagínate una iglesia donde el don de sanidad no es solo para orar en el culto, sino para poner en riesgo la propia salud con tal de atender a los enfermos de un mundo que gime. Una iglesia donde el don de repartir con liberalidad toma por sorpresa a un mundo golpeado por la escasez y el egoísmo. Un mundo donde pocas personas dan sin esperar algo a cambio. Imagínate una iglesia donde el don de fe sigue esperando lo mejor de Dios aunque todos los demás nos hayan fallado. Una iglesia donde el don de enseñanza insista en instruir a un mundo lleno de desigualdad, pocas oportunidades e ignorancia, acerca de cómo es en realidad el universo que está ahí.

Los dones espirituales representan aspectos significativos de la vida en sociedad. Estos incluyen, educación, seguridad, administración, salud, liderazgo, economía, etc. Por lo que estoy convencido de que al edificar su Iglesia, tal y como prometió que lo haría, Jesús precisamente creó y potenció una nueva manera de ser sociedad. Y esa nueva manera de ser

---

[211]   Jessica Bryant. "Counting the Cost. Abundant Life Assembly of God". 17 de octubre de 2020. Accedido el 27 de noviembre de 2024. Https://www.abundantlifeag.org/post/counting-the-cost. (Traducción del autor.)

sociedad, constituye en sí misma la más convincente y contundente señal del Reino de Dios.

Ya que Dios mismo, a través de su Espíritu, se está dando a conocer y haciéndose sentir en medio, y por medio, de la Iglesia. Y no solo el domingo en la mañana, sino las veinticuatro horas del domingo y de cada día de la semana. Y no solo en el templo, sino allá afuera. Para que así, precisamente todos los que todavía están afuera puedan atestiguar la innegable belleza de una manera de ser sociedad, que funciona bien. Para que al verla, glorifiquen a nuestro Padre que está en el cielo.[212] Y crean que Jesús es, quien dijo ser.

Es más, el fruto del Espíritu es precisamente para un mundo así de oscuro. Gozo, paz, templanza, dominio propio, fe, bondad, paciencia, amor y mansedumbre, son todo lo contrario a lo que vivir en este mundo habrá de producir jamás en nosotros. Y parte de la promesa del Evangelio es hacernos participar de ese mismo carácter aquí y ahora[213], cuando más lo necesitamos. ¿Acaso no son esas buenas noticias?

Imagínate poder tener paz en medio de todo tipo de caos, fe en medio de la desesperanza, paciencia en medio de la ansiedad, gozo en medio de la tristeza, mansedumbre en medio de la violencia y bondad en medio de la maldad. Nada es más relevante entonces para la hora difícil que atraviesa el mundo, que aquello que Dios tiene en su corazón para decirnos.

Su palabra para nosotros durante esta hora de crisis continúa siendo la misma, el Evangelio. Con razón Pablo se propuso no saber otra cosa.[214]

---

[212]   Mateo 5:16
[213]   2 Pedro 1:3-4
[214]   1 Corintios 2:2

William Randolph, periodista americano que se hizo famoso apelando al sensacionalismo, fue también un gran coleccionista de arte. Cierta vez comisionó a un empleado de confianza para que le comprara una pieza de arte en particular que había llegado a valorar mucho. Su empleado recorrió el mundo entero buscándola. Un día su empleado regresó con buenas noticias. La obra había aparecido, pero para su sorpresa, había sido en uno de los almacenes del propio Randolph. La cosa es que este periodista la había adquirido años atrás inadvertidamente. Así que en realidad había estado buscando algo que ya era suyo.

¿Acaso no les pasa exactamente lo mismo a muchos cristianos, incluyéndote? Nos pasamos buscando cosas que, en Jesús, ya son nuestras. Pues desde el mismísimo momento en que llegamos a estar en Jesús, todo lo de Jesús, es nuestro también. El perfecto desempeño de Jesús en vez del tuyo. La reputación celestial de Jesús, la paz de Jesús, la conciencia limpia de Jesús, el amor que el Padre siente por Jesús, el Nombre de Jesús, la identidad de Jesús, el futuro de Jesús, el descanso de Jesús, la herencia de Jesús, el carácter de Jesús, el Espíritu de Jesús, el Reino de Jesús, y la lista sigue. ¿Acaso no es Él lo más hermoso que se haya visto jamás? En Él lo tienes todo. Estás completo en Él.

Capítulo 13

La verdadera espiritualidad

"Si eres afortunado, Dios te conducirá a una situación que no puedas controlar ni arreglar, o que ni siquiera puedas entender. Es en ese punto que la verdadera espiritualidad comienza. Hasta entonces todo ha sido, solamente, preparación".

— Richard Rohr
Sacerdote Franciscano y
autor estadounidense

El tipo de situación, confusa y sin salida, a la que Rohr alude, se asemeja a lo que seguramente vivieron los discípulos de Jesús en Juan 13:21-38; 14:21-31; 15:12; 16:12 y 20:1-9. No consiguen entender a Jesús. No pueden seguirlo. Y tampoco pueden sobrellevar todo lo que él desearía decirles. Ellos definitivamente no pueden.

Jesús se estaba despidiendo de ellos, pero eso no quería decir que ya estuvieran listos para enterarse de todo, ni para entenderlo todo. Pues el amor de Jesús le impide a veces decir todo lo que podría decir. Y sin embargo, ese mismo amor, le impulsa a decir otras cosas, si así consigue aumentar nuestra fe. Como en el caso de las palabras que compartiera aquella última noche a sus amados discípulos. Pero igual dejó muchas otras sin decir. ¿Por qué? Porque ellos no podrían soportarlas aún.

Jesús es un océano, y ellos son solo una taza para café. Sin mencionar que saber todas esas cosas podría incluso dañarles. Y aunque Jesús quiere compartírselas, no lo hace, pero es por amor. Pesaba más la actual capacidad de asimilación de ellos, en extremo limitada, que solo atragantarlos con más de lo que podrían procesar. Lo cual nos deja ver que hay mucho más pasando. Y que la vida es mucho más; y que lo que Dios está haciendo es muchísimo más de lo que tendemos a suponer que está ocurriendo; o que somos capaces de digerir. Ese silencio de Dios, que a muchos nos vuelve locos y que nos desespera, tiene tremendas y muy amorosas razones de ser. Somos apenas como una tacita de café. Y Él es un gran océano.

Jesús no dice todo lo que quisiéramos que dijera. Pero es importante tener presente que Dios nos está amando incluso en esos desconcertantes e incómodos silencios. Y para colmo, Jesús añade que en breve habría algunas cosas que tendría que hacerlas solo. Cosas de las que estarían completamente enajenados de su significado; incluyendo el por qué seguiría adelante sin ellos. Y Jesús les dice que no tenían que entender, pero que lo que sí necesitaban era confiar. Confiar en Dios y confiar en Él.

Tenemos, pues, que reconocer que ¡Jesús nos queda enorme! No necesitamos entenderlo todo para poder tener su paz. No necesitamos tenerlo todo controlado ni cuadrado para poder aplacar nuestra ansiedad, pero sí necesitamos confiar en Él. Especialmente en la niebla del sin sentido, y ante la inmensa incertidumbre de lo por venir. Y en lo que no se nos dice por adelantado, como esas veces en que el cielo parece estar cerrado: "Creéis en Dios, creed también en mí".[215] Pero esta no es una confianza ciega. Es una confianza en alguien que se la ha ganado. Lleva tres años con ellos y los ha amado con todo lo que tiene. Y el amor con que los había amado seguía siendo totalmente digno de fiar.

La violencia que enseguida experimentarían exigiría una profunda confianza en Él: soldados armados hasta los dientes aprovecharían el manto de la noche para arrestarlo, un desalmado pero insospechado traidor emergería rampante de en medio de ellos, y una abrupta separación que momentos antes habría parecido inconcebible era inminente ("…no puedes seguirme ahora…"[216]), y para colmo se advierte una triple negación en ciernes que nadie habría anticipado. El mismísimo infierno estaba por desatarse sobre ellos como una violenta avalancha. Y en medio de tan lúgubre realidad, se les asegura que Dios estaría trabajando por medio de todo eso. "Ya no hablaré más con ustedes, porque viene el príncipe de este mundo. Él no tiene ningún dominio sobre mí, pero el mundo tiene que saber que amo al Padre y que hago exactamente lo que Él me ha ordenado que haga. ¡Levántense, vámonos de aquí!".[217] Lo que haría Jesús enseguida no sería sino cumplir el perfecto plan de Dios. Aunque así no sería como ellos lo sentirían. La voluntad de Dios es buena, agradable y perfecta, "…pero no siempre se siente así".[218] Y contrario a todo lo que podría aparentar el violento desenlace de los eventos de esa

---

215   Juan 14:1
216   Juan 13:36 NVI
217   Juan 14:30-31 NVI
218   Expresión que escuché alguna vez de labios de la hermana Melissa MacDonald.

noche, este sería nada menos que Dios mismo salvando. Y debían confiar en eso.

Y de nuevo, no subestimes el hecho de que Jesús les dice mucho, pero que también les oculta mucho. De hecho, ¡les oculta a Judas! Sólo a Juan se lo hace parte, pero aun así con señas y en código: "Señor, ¿quién es? —preguntó él, reclinándose sobre Jesús. —Aquel a quien yo le dé este pedazo de pan que voy a mojar en el plato —le contestó Jesús. Acto seguido, mojó el pedazo de pan y se lo dio a Judas Iscariote, hijo de Simón".[219] Incluso al momento de Judas salir las palabras de Jesús a él sirven para desviar toda posible sospecha que la repentina salida de Judas pudiera despertar en otros: "Lo que vas a hacer, hazlo más pronto".[220] Y ese es justo el efecto que consiguen sus palabras: "…algunos pensaban, puesto que Judas tenía la bolsa, que Jesús le decía: Compra lo que necesitamos para la fiesta; o que diese algo a los pobres".[221] Hasta el mismísimo Juan pareció tragárselo.

Jesús actúa misteriosamente. Ellos no sienten que Él esté siendo claro. ¿Por qué? Y esa es la pregunta a flor de labios: "¿Por qué no te podemos seguir ahora?".[222] ¿Por qué tanto misterio?

Jesús tiene incluso que pedir un voto de confianza "…creed (también) en mí".[223] Como diciéndoles algo así como: "Tengo más que decirles, pero ahora no se los puedo decir; todavía no. Pero confíen en mí. Tengo buenas razones para no

---

[219]   Juan 13:25-26 NVI
[220]   Juan 13:27
[221]   Juan 13:29
[222]   Juan 13:37
[223]   Juan 14:1

decirles. Y llegará el tiempo para decirles más, pero ahora no es ese tiempo. ¿Podrán confiar en mí en el entretanto? ¿Podrán confiar en mí en la penumbra del sin saber? ¿Podrán confiar en mí aunque ahora mismo no consigan encontrarles sentido a mis palabras ni mucho menos a mi silencio?".

Piénsalo, allí se está llevando a cabo, dramáticamente, justo ante sus narices el plan concebido por Dios antes de la creación del mundo. Pero de una manera en que habrían sido incapaces de imaginar que sería, al menos en toda su extensión. Y según Jesús, debían incluso esperar que pronto se pusiera peor, antes de ponerse mejor. Y con todo lo mucho que Jesús habría querido poder decirles, no debía hacerlo.

Jesús va a vencer a Satanás entregándose a las fuerzas de Satanás. Fuerzas que en breve le asaltarían, y ante las que no ofrecería ninguna clase de resistencia. Y en algún sentido permitiéndole a Satanás, al parecer, salirse con la suya. Jesús le lanza una cortina de humo a los suyos, permitiéndole así al traidor salir sin ser molestado, para ir precisamente a buscar a la turba que en breve le arrestaría.

Somos injustos con Pedro. Porque Pedro habría cumplido con gusto su juramento de esa noche: "¿Por qué no te puedo seguir ahora mismo? Yo daré mi vida por ti".[224] Pedro estaba realmente dispuesto a morir por Jesús, ¡pero a morir peleando! Mas cuando Pedro saca su espada y corta orejas, y acto seguido Jesús lo desarma y procede a entregarse a las fuerzas de las tinieblas, fue entonces que Pedro la perdió. Ahí sí que Pedro no entendía nada.

---

[224]   Juan 13:36 LBLA

¿Cómo habría podido alguno de ellos llegar a entender jamás, a ese punto, que Jesús vencería a Satán dejándose destruir por Satán? ¿Qué clase de Dios es este, y de qué clase de poder y de soberanía estamos hablando, que se vale de lo que su acérrimo enemigo maquina contra Él, para luego ser Él el vencedor? Ante un Dios tan grande y ante una soberanía tan en control — aún de las mismísimas tinieblas oponiéndoseles — no nos queda de otra más que aprender a confiar. Porque jamás entenderemos completamente los elevados pensamientos de este Dios, este glorioso Dios. Él es demasiado más de lo que podemos siquiera comenzar a comprender. Y hay cosas que solo alcanzaremos a comprender mucho después. Confiemos en Dios, confiemos también en Jesús.

Permíteme explicar algo más acerca de este enemigo acérrimo de los hijos de Dios. Piénsalo, cuando Satán entra en Judas, Jesús le dice: "Lo que vas a hacer, hazlo más pronto".[225] Y ya dijimos que Jesús busca desviar toda posible sospecha respecto a Judas.

¿Me permites hacer un paréntesis aquí? Jesús ama a Judas, de hecho, se nos dice que al anunciar que alguien lo traicionaría esa noche, Jesús está emocionalmente comprometido. Lo siente muy adentro todo aquello. Él no es insensible a la tragedia de alguien que está por sabotearse a sí mismo. Juan lo expresa de esta manera: "Así que Judas se fue enseguida y se internó en la noche".[226] Y esa expresión no es un accidente en un libro como este. La noche, las tinieblas, la luz brilla en la oscuridad y las tinieblas no han podido apagarla.

---

[225]   Juan 13:27
[226]   Juan 13:30 NTV

La hora de las tinieblas ha llegado, y Judas se adentra en ellas, y Jesús lo sufre. Hay un sufrimiento en el amor. El amor sufre cuando ve a la persona amada dirigirse hacia la noche. Pero aún entonces Dios sigue siendo soberano. Y aunque dirige sus palabras a Judas, tiene en mente a dos audiencias, además de Judas. La primera son los discípulos, despistando, como dije, toda sospecha en estos. La segunda audiencia es Satán. Y en ambas hay una poderosa muestra de cruda soberanía: "Apresúrate a hacer lo que vas a hacer".[227] ¿Puedes verlo? ¡Es una orden!

Satanás es una infeliz criatura. No hay dos tronos, solo hay uno. Y Dios está sentado en él. Satanás es un mentiroso. Miente para tentarte, miente para acusarte, miente para distraerte y miente para asustarte. Y miente, especialmente, acerca de sí mismo. ¡Él es un fraude! Quiere que pienses que es un dios o la contraparte de Dios, pero no es así. Así que no le tengas miedo. Él ni siquiera se acerca a ser un contrincante de tercera para Dios. "Los demonios son como cucarachas y sabandijas, que cuando enciendes la luz, corren a esconderse".[228] Él es un fraude. Así que esta promesa de Jesús viene al punto: "…edificaré mi iglesia; y las puertas del infierno no prevalecerán contra ella".[229] El Reino de Dios es imparable. Confía en Dios. Confía también en Jesús.

Esas famosas palabras: "Y sabemos que a los que aman a Dios, todas las cosas les ayudan a bien, esto es, a los que

---

227   Juan 13:27 NTV
228   Mi amigo Steven Lausell me compartió esta frase, la que a su vez escuchó de un misionero de la Alianza Cristiana y Misionera.
229   Mateo 16:18b RVA

conforme a su propósito son llamados"[230], no son una explicación para ayudarte a entender tus dificultades, sino una fiel promesa para ayudarte a enfrentar tus dificultades.

YO CONFÍO EN LA PROTECCIÓN DEL SEÑOR

El Dr. Pablo Polischuk, quien fuera mi director de tesis doctoral, escribió:

"La fe cristiana permite que Dios irrumpa la esfera y dé pautas reveladoras en cuanto al origen, destino y propósito de la vida dentro del cosmos. El invitar lo trascendental a lo natural permite otro punto de vista, otra antropología y otras maneras de postular causas y efectos debajo del sol. También permite la atribución de otro significado a la existencia".[231]

El salmista David, refiriéndose a uno de los momentos más oscuros de su vida, le hace eco al razonamiento de mi profesor. David escribe:

"Yo confío en la protección del Señor. Así que, ¿por qué me dicen: «¡Vuela como un ave a las montañas para ponerte a salvo! Los malvados ponen las cuerdas a sus arcos y acomodan sus flechas sobre las cuerdas. Disparan desde las sombras contra los de corazón recto. Cuando los fundamentos de la ley y del orden se desmoronan, ¿qué pueden hacer los justos?»? Pero el Señor está en su santo templo; el Señor aún gobierna desde el cielo. Observa de cerca a cada uno y examina a cada persona sobre la tierra. El Señor examina tanto a los justos como a los malvados y aborrece a los que aman la violencia. Hará llover carbones encendidos y

---

230   Romanos 8:28 RVR1960
231   Pablo Polischuk, La Depresión y su tratamiento. (Editorial Clie, 2009), 26.

azufre ardiente sobre los malvados, y los castigará con vientos abrasadores. Pues el Señor es justo y ama la justicia; los íntegros verán su rostro".[232]

TÚ Y YO, SOMOS EL SALMÓN

Hace años, una compañía de seguros llamada Unum, produjo un simpático póster promocional, en el que se veía a este inmenso oso gris, parado justo en medio de la poderosa corriente de un río. El oso exhibía sus poderosas fauces abiertas a capacidad con enormes colmillos al aire. Y se lo veía a punto de atrapar a un indefenso salmón, que totalmente desprevenido nadaba contra la corriente en un vigoroso salto. El encabezado de la promoción leía: Tú probablemente creas ser el oso. A nosotros nos gustaría sugerir más bien que tú eres el salmón.

El Evangelio es Dios haciendo por ti lo que no puedes hacer por ti mismo. Pero ¡qué mucho has sido incitado a suponer que puedes hacer por ti mismo! La idea de un escenario en el que no tengas la mínima oportunidad, ese en el que eres el salmón, no se te permite siquiera entretenerla. Así que, cuando la realidad te fuerza a salir de tu imaginación; entonces el miedo patea con tal fuerza que, o terminas saboteándote a ti mismo, o intentas escapar, escuchando pensamientos que van desde "Todo está perdido" hasta "Huye y salva el pellejo".

Estos enemigos del mundo real, nos advierte David, nos quedan grandes. Por lo que típicamente tendrán un día de juegos en nuestra mente. Y no es para menos. Escuchemos la

---

[232]   Salmo 11 NTV

clase de pensamientos que cursaban la mente de David: "David, la flecha que está a punto de atravesar tu corazón ni siquiera la verás venir. David, razona conmigo, cuando los fundamentos de la ley y del orden se desmoronan ¿qué pueden hacer los justos? tú y yo sabemos la respuesta a esa pregunta David, nada, no pueden hacer nada".

No se nos dice qué precipita tales pensamientos en David. Solo sabemos que David encara su total incapacidad, y que pondera la que razonablemente parecería ser su única opción, ¡huir! El pastor y médico Martín Lloyd Jones, en su libro Depresión Espiritual, dice:

> "Yo sostengo que debemos hablar con nosotros mismos, antes que permitir que nuestro 'yo' nos hable a nosotros…¿Estamos conscientes de que gran parte de nuestra infelicidad en esta vida se debe a que estamos escuchándonos a nosotros mismos, en vez de dialogar con nosotros mismos?"[233]

Lo que Lloyd Jones intenta decir es que, en vez de permitirle a tu asustada alma que te predique, deberías más bien comenzar a predicarle a tu alma, para variar. Y lo que David hizo entonces fue justo eso. Él se interrumpe a sí mismo, negándole el paso a ansiosos pensamientos zarandeándole la mente; y comienza a hablarse a sí mismo.

¿Su primera palabra? "Pero". Siempre que veas un "pero" en Las Escrituras, préstale tu más detenida atención. "Pero el Señor está en su santo templo; el Señor aún gobierna desde el cielo. Observa de cerca a cada uno y examina a cada

---

[233]   Martín Lloyd Jones, Depresión Espiritual: Sus causas y su cura. (Libros Desafío, 2004), 21.

persona sobre la tierra".[234] Así que ese, "pero el Señor", es una contundente afirmación que ofrece el contexto más amplio para nuestra fiel interpretación de los acontecimientos.

Si es cierto que el Evangelio es Dios haciendo por ti lo que no puedes hacer por ti mismo; entonces, ser cristiano trata también acerca de llegar a ser verdaderamente humano, renunciando a pretender ser más que solo eso. David no dice: "Yo voy a mí así que láncenme todo lo que tengan". Él solo dice: "Yo confío en la protección del Señor".[235] Y esto no es querer tapar el cielo con la mano. Esto de ninguna manera pretende negar la dura realidad con la que tú y yo lidiamos a diario. La vida real no es solo dura, ¡es brutalmente dura!

Pero en vez de entretener un concepto de sí mismo que es más alto del que debe tener, David elige más bien predicarle a su alma la gloriosa verdad de su fe. Él parecería estar diciéndose a sí mismo "¿Cómo habré de aceptar jamás la absurda idea de mi carne de que huya al monte cuál ave? Es mentira, que debo vérmelas por mí mismo. Es mentira que no tengo salida. Dios me ve; y Él aún gobierna, y Él continúa velando por mí". Entender todas las cosas no es lo que conseguirá calmarnos. Pero confiar en Él, sí. Ese, "Yo confío en la protección del Señor", lo cambia todo.

Parece no irle bien al mundo estos días. Pero aunque la injusticia, y el mal, y la confusión, y la afligida alma humana, y el mundo parecerían ir al garete; solo parece. Porque, Dios ama la justicia. Y porque Dios aún gobierna desde el cielo. Así que estaré bien, aunque casi nada parezca estar bien.

---

234   Salmo 11:4 NTV
235   Salmo 11:1 NTV

Piénsalo, típicamente entre nosotros hay solo dos tipos de personas. Primero, está esa persona que ante los muchos retos que enfrenta se dice a sí misma, una de dos mentiras: "Esto es demasiado", y a esa persona el miedo termina saboteándola, o "Yo voy a mí", y a esa persona el miedo termina controlándola. Abrazando así conductas compulsivas que solo lo agravan todo. Y entonces está la persona que ante el mismo tipo de retos, decide más bien predicarle a su alma la verdad, utilizando las palabras que posiblemente son las más poderosas en el inmenso cosmos: "¡Pero Dios!" ¿Cuál de esas personas serás tú?

En la Escritura, ese asunto de la morada de Dios, allí donde el cielo y la tierra se besan, es de la mayor importancia. Primero está el jardín del Edén, adonde Dios se paseaba a la brisa de la tarde con el ser humano. Luego está la tienda de reunión en el desierto. Después tenemos el templo de Jerusalén. Luego está Jesús, y en Él, Dios habitó — hizo tabernáculo — entre nosotros.

Por eso el querido pastor puertorriqueño, Rev. Dr. Roberto Amparo Rivera, escribió todo un libro de teología navideña y lo tituló: *"Miren quién se mudó al barrio"*.[236] Y hablando de mudarse, uno de estos días, la nueva Jerusalén descenderá también del cielo, uniendo para siempre ambas esferas de la realidad, cielo y tierra. Y ese día viene. Créelo, ese día viene. Pero, en el entretanto, Jesús dijo que no nos dejaría huérfanos, y que enviaría al Espíritu de Verdad para que estuviera, no solo con nosotros, sino en nosotros. Ya que quienes confían en Él, se

---

[236] Roberto Amparo Rivera, *Miren quién se mudo al barrio* (s.I.: Derek Press., 2007).

constituyen en templos del Dios viviente. Por lo que, si estás en Cristo, el pastor Amparo Rivera te diría: "¡Mira quién se mudó a vivir en ti!".

Así es que, te tengo noticias, cada cristiano lleva el templo consigo dondequiera que va. Por eso, si se encuentra en la cocina, dormitorio, escuela, o en el carro puede elevar allí mismo una plegaria y hablar con Dios, porque lleva el templo consigo a dondequiera que vaya.

"Pero Dios está en su santo templo". ¿Cómo te suena eso ahora? El lugar donde el cielo y la tierra se besan, desde que vienes a Cristo, eres tú, y soy yo. Y lo es también toda reunión sostenida en su glorioso nombre. La verdadera cuestión es esta, ¿cuál voz ganará, "Huye al monte cual ave" o "Pero Dios."?

David sabía que si una flecha enemiga lograba alcanzarlo, no sería por haber burlado al Dios que aún gobernaba desde el cielo. Quien tendría siempre muy buenas razones para permitir dicha flecha, aún si David mismo pudiera desconocerlas. Y ese increíble Dios, sabía muy bien David, habría de redimir también cualquier dolor que tal flecha provocara.

El antídoto contra el miedo es identificar qué mentira lo alimenta y enfrentar esa mentira con la poderosa verdad del perfecto amor que Dios ya ha demostrado sentir por nosotros en Cristo. Pero de nuevo, la cuestión es esta: ¿Cuál voz ganará? ¿Tu alma, predicándote: "Huye al monte cual ave", o tú, predicándole a tu alma: "Pero Dios"?

Y es que el Reino de Dios no es solo un lugar donde se hace lo que Dios quiere. El Reino de Dios no es solamente acerca de cómo se vería todo si Dios corriera el espectáculo. El Reino de Dios no es sólo cuando la gente hace lo que Dios quiere. El Reino de Dios es cuando Dios hace lo que Él quiere hacer. Así que al hablar del Reino de Dios, necesariamente habría que hablar también acerca de lo milagroso. Pues donde la vida a la manera de Dios toma lugar, maravillosas imposibilidades se pueden hacer realidad. Dios siempre gobernará desde el cielo.

Quiero invitarte a que le prediques lo siguiente a tu alma (puedes incluso leérselo en voz alta): "Yo confío en la protección del Señor, alma mía, descansa en Jesús. En Él tienes todo lo que necesitas. Tómalo a Él mismo como tu provisión. Alma mía, Dios gobierna desde el cielo. Él está justo aquí, incluso ahora, accesible. Alma mía, descansa en Él para todo cuanto necesites. Alma mía, puedes confiar en Él".

Y ahora mi estimado lector, al terminar esta aventura, me gustaría invitarte también a hacer una oración que, por basarse en aquella que Jesús oportunamente nos enseñara, el Padre Nuestro, atiende esa otra manera de ser un humano, la cual Jesús ha hecho maravillosamente accesible para todos.

Capítulo 14

Abba[237]

"Quiero que mis oraciones, y las de mis amigos, reboten en paredes roco-
sas de las montañas, resuenen en los pasillos de los centros comerciales,
sondeen las profundidades del océano, rieguen desiertos áridos, encuentren
un punto de apoyo en pantanos fétidos, encuentren a los poetas en su bús-
queda de la palabra exacta, mezclen su fragancia con las flores silves-
tres…y canten con los telares de los lagos".

— Eugene H. Peterson
Ministro, teólogo, autor
y poeta norteamericano

Abba, gracias a tu poderoso Evangelio, ya sé quién soy.
Soy tu amado hijo y poseo un inmenso valor por haber sido
creado a tu imagen y semejanza. Es por eso por lo que tú me
amas incondicionalmente. Eso no quiere decir que me amas a
pesar de mí, o que tu amor no tenga nada que ver conmigo. Lo
que eso sí quiere decir es que tu amor no resulta, ni depende,
de acto alguno de mi parte. Tu amor precede a todos mis actos,
pues tu amor me trajo a la existencia. Y es por eso por lo que
tiene todo que ver conmigo, pues crearme fue un acto de amor
premeditado. Eso era precisamente lo que tú querías hacer y te
dio gran gusto hacerlo. Por eso soy digno de ser amado,

---

237   Término en lengua aramea que significa Padre y también Papá.

incluido, celebrado y tenido en cuenta; y no de ser objeto de burla, lástima, abuso, abandono o menosprecio alguno. Todo esto, a pesar de cualquier apariencia de lo contrario.

Mi valor y mi identidad no provienen de lo bueno ni de lo malo que yo haya hecho en el pasado, ni de lo que haga en el futuro. Tampoco provienen de lo que otros hayan pensado, o puedan llegar a pensar o no de mí. Así que puedo perder y fracasar, como puedo también ganar y tener éxito, sin que lo uno o lo otro haga mella alguna a mi valor o a mi identidad. Y como lo único que me define eres Tú, ya no necesito renunciar si voy perdiendo, ni tampoco ser reconocido si voy ganando.

Yo soy intrínsecamente valioso por el exclusivo hecho de que Tú me creaste con ese valor. Valgo tanto que habiéndome perdido enviaste a tu Hijo a buscarme. Él pagó el precio más alto; comprándome de vuelta para Ti mismo, y devolviéndome lo que mi propio pecado me arrebató, como el distanciamiento de Ti mismo.

Tú dices que te complaces en mí con infinita alegría. Por eso no necesito probarle nada a nadie, ni siquiera a mí mismo. Es mío por derecho de creación, y de segundo nacimiento. Y no es que yo sea suficiente por mí mismo. El único que es suficiente es Cristo, y como ya lo tengo a Él, entonces tengo todo lo que necesito.

Por eso no necesito preocuparme por no ser ni tener lo suficiente. No necesito llamar la atención hacia mí mismo ni compararme con otros. Tampoco estoy para juzgar o arreglar a nadie. Más bien debo reconocer el inmenso valor, y la profunda dignidad, que, a la luz del Evangelio, les son inherentes a todo ser humano. Para Ti, cada uno es un tesoro inmensamente valioso y digno de amor.

Y la llegada del pecado no cambia esa realidad, más bien la corrobora. Pues si el pecado es detestable, cruel y vil, lo es precisamente por tratar como basura lo que es precioso para Ti. Insultando y asaltando la dignidad, bondad, significado y belleza, de lo que con gran alegría creaste para Ti mismo. Y que, a su debido tiempo, para alabanza de Tu gloriosa gracia, enviaste a Cristo a redimir.

Sé que no se trata de que haya dignidad en la condición pecaminosa del ser humano caído, la misma que, sin ser igual a este, es, no obstante, su actual condición. Condición pecaminosa que debo hacer morir a diario con la ayuda de Tu Espíritu. Donde sí hay dignidad es en el ser humano mismo, al que buscas salvar, precisamente, tanto de su actual condición pecaminosa, como de sus terribles consecuencias. Comenzando con devolvernos a una correcta relación contigo.

Y es que Tú me amas a mí, no a mi condición pecaminosa, ni a mi falso yo; sino a ese que todavía supone necesitar esconderse de todos y de Ti, mi verdadero yo. Tu amor me libera de tener que ocultarme tras míseras hojas de higuera. ¡Gracias, Abba!

Eres lo que toda la vida busqué en incontables lugares y experiencias. ¡Oh, que todos puedan llegar a darse cuenta de todo lo que se pierden de perderte a Ti! Y llegar así a apreciarte, como el invaluable tesoro que en realidad eres. No hay nadie como Tú.

Solo Tú me satisfaces. En Tu presencia hay plenitud de gozo, delicias a tu diestra para siempre. Eres el aire en mis pulmones, la luz en mi mirada, la alegría que me hace reír a más no poder, la inocencia que me invita a jugar, la verdad que intereso investigar, la generosidad que me hace sentir a gusto, la belleza que atrapa mi imaginación, y el perfecto amor que sacia cada necesidad de mi alma, arrancándome el miedo y llenándome de infinita paz.

Rindo a ti todos mis absurdos intentos de control. Tú estás a cargo de todo y me encanta que así sea. Buscaré primero tu Reino en cada ocasión, en todas partes, y con quienquiera me cruce hoy. Deseo que se hagan realidad todos tus planes en vez de los míos. No hay vida como esa en la que Tú corres el show. Habla, Señor, que tu siervo oye, tienes toda mi atención. Y mi respuesta desde ya es que sí, ¿cuál es la pregunta?

Abba, quiero que mi vida sea siempre un acto de adoración y de agradecimiento a Ti. Restaura mi alma con Tu dulce presencia, y guíame por sendas de justicia por amor de tu nombre. Tú sabes todo, y tienes la razón en todo.

Eres mi proveedor y también mi provisión. Entonces, ya no necesito afanarme por nada. Así que eliminaré la prisa de mi vida y haré una sola cosa a la vez. Tú das comida a los pajaritos fielmente, y ellos no almacenan ni cultivan. Tú vistes mejor que a Salomón, a la hierba que hoy es, y mañana no. Y Tú dices que yo valgo más que muchos pajaritos.

Tu perfecto amor y sacrificio expulsan la inseguridad que impulsa al egoísmo y al afán, y a una mentalidad de escasez independientemente de si se es rico o pobre. En Tu Reino la vida alcanza su máximo potencial, incluso tratándose de la semilla más pequeña. En Tu Reino comen todos, aunque haya solo merienda suficiente para un niño. Tu mentalidad es de abundancia; incluso dos túnicas dan para regalar una. En tu Reino uno solo de nosotros perseguirá a mil, y dos harán huir a diez mil. Y es que como sea que la miremos, la vida en Tu Reino será siempre cien veces más. Pondré al corriente ahora mismo mi confesión de pecados, elijo vivir en la luz, sin más vergüenzas y sin máscaras. Tu gracia me viste. Perdóname, porque a menudo te pierdo de vista e intento ansiosamente hacer Tu trabajo.

Confieso también lo mucho que he buscado el reconocimiento de otros en vez del Tuyo, pues a menudo olvido quién soy. Y asustado supongo necesitar llamar la atención hacia mi persona, deseando mucho sentarme en los primeros asientos y ser visto por todos, disfrazado con mis viejos personajes harapientos. Perdóname por tantas veces juzgar a los demás, y por tratarlos como obstáculos en mi camino. Perdóname por ser un fariseo para muchos, en especial cuando lo más que necesitan de mí es un "…tampoco yo te condeno".[238]

Abba, Tú no te mereces las cosas que te hago. Siento mucho haber ofendido Tu santidad, lastimando tu corazón, ignorándote y menospreciándote. Específicamente te pido perdón por _____. Acepto Tu maravilloso y completo perdón; gracias por perdonarme.

Tú me llamas a perdonar 70 veces 7 porque Tú eres así. Perdonar es cultura en tu Reino. Así que elijo vivir y morir sin enemigos. En este preciso momento bendigo por fe a quienes de una u otra manera me maldicen, algunos sin estar siquiera al tanto del dolor que me causan.

Lo que cualquiera me haya hecho no compara con todo lo que Tú me has perdonado. Así que al igual que tú me perdonaste, yo también los perdono. Perdono la deuda que

---

[238]   Juan 8:11 NVI

_____ tiene conmigo. Esa deuda queda cancelada en mis libros en su totalidad ahora mismo. Cada vez que recuerde ese agravio, afirmaré que ya está perdonado; y diré una palabra de bendición sobre esa(s) persona(s), y sobre su familia.

Como nunca en mi vida, y solo por Tu Gracia, estoy experimentando un profundo y agudo sentido de dependencia de Ti, mi bendito y suficiente Santificador. Tú has puesto en evidencia la ruina de mi condición pecaminosa, al permitirme sufrir síntomas que me hacen imposible ignorar el dolor. Ya no es posible seguir pretendiendo ser capaz de ver por mí mismo. Y con tal de echar mano de la maravillosa libertad que concede el acceder a tu vida y a tu poder de resurrección, voy a hacer y decir cada cosa que haga y diga en el nombre de Cristo, y no desde los míseros recursos de mi naturaleza pecaminosa.

No me ha sobrevenido tentación que no sea humana. Todas pertenecen a alguna de las múltiples posibilidades de pecar que la triste historia de la humanidad conoce. No debo minimizar a ninguna tentación como allende a mi capacidad de caer en ella. Ni debo exagerar a ninguna tentación como si fuera la única persona enfrentándola. Y, de toda clase de tentación, puedo tener la completa seguridad de que seré librado de caer, si dependo de Cristo. Descanso especialmente en el hecho de que tú siempre puedes redimir el sufrimiento.

Puedo darme cuenta de que para todos los efectos prácticos soy un misionero. Participo de una cultura que, estrictamente hablando, ha dejado de ser la mía. Ayúdame, pues, a ser una presencia personal sin prisa cuyo ritmo de vida invita a estar más atento a Dios y al otro, dedicado a lo que escucho a Dios llamarme a hacer y dejándole los resultados a Él. Quiero hacer una inversión personal significativa en la formación de otros, recuperando su confianza por medio de una vida íntegra, y mostrándoles cómo podemos ser humanos de nuevo. Quiero centrarme en el Evangelio y basar mi identidad en la persona de Cristo solamente, crucificando mi autodefinición y mi estrategia de supervivencia. Invitaré amigos no-creyentes a mi vida, compartiendo el Evangelio desde mi vida real y no de apariencias, gracias a la gloriosa libertad del ser hallado en Cristo (y no en mí mismo). Procuraré reflejar la buena noticia, especialmente entre aquellas personas que no piensan como yo, dándoles razón de mi fe. Con Tu ayuda, mi propia vida invitará la pregunta.

Anhelo poder recibir y servir de forma relevante a la enorme diversidad de personas a mi alcance. Auspiciaré expresiones novedosas de la Iglesia, y esfuerzos no convencionales de parte de aquella más tradicional, con tal de llegar a tantas personas como se pueda, incluyendo a quienes se han alejado de la iglesia local. Por medio de Tu poderosa ayuda, cultivaré una mentalidad de Reino que sea informada por un gran sentido de urgencia y desprendimiento. Y para eso…

"…concédenos un conocimiento tan sobrecogedor acerca de quién eres tú, de modo que nuestra confianza en ti sea inamovible. Concédenos, además, un entendimiento cabal de las señales de nuestros tiempos, de modo que sepamos cómo servir a tus propósitos en nuestra generación y ser así más, verdaderamente, tu pueblo en nuestro mundo este día. Para ese fin, oh, Señor, avívanos una vez más, y acércanos más a Ti y unos a otros. Donde persista una errada satisfacción en cuanto a la presente condición de la Iglesia, genera en nosotros un santo descontento. Donde haya desaliento, concédenos corazones renovados. Donde haya desesperación, pon nuevamente esperanza. Por amor a

Tu Nombre, danos poder para ser Tu sal y Tu luz en el mundo, y que seamos así la mismísima fuerza Tuya en acción para adelantar tu causa de redención hasta los confines de la tierra".[239]

Por lo que ahora cierro esta aventura elevando hasta Tu trono el principal anhelo de mi corazón, plenamente convencido de que es también el Tuyo — ¡Que venga Tu Reino! Sí, ¡que venga!

---

[239] Os Guinness, Renaissance: The Power of The Gospel However Dark the Times. (InterVarsity Press, 2014), 30. (Traducción del autor.)

Bibliografía

1. Beville, Kieran. Journey with Jesus through the message of Mark. Christian Publishing House, 2015.

2. Burson, Scott R. And Walls, Jerry L., C. S. Lewis and Francis Schaeffer: Lessons for a New Century from the Most Influential Apologists of Our Time. InterVarsity Press, 1998.

3. Chesterton, G.K. Ortodoxia. Hendrickson Publishers, 2006.

4. Edwards, James R. The Gospel according to Mark (The Pillar New Testament Commentary). Grand Rapids: Eerdmans, 2001.

5. Eldredge, John. Resilient: Restoring Your Weary Soul in These Turbulent Times. Thomas Nelson, 2022.

6. Guinness, Os. Renaissance: The Power Of The Gospel However Dark The Times. InterVarsity Press, 2014.

7. Keating, Thomas. The Human Condition: Contemplation and Transformation, (WIT Lectures-Harvard Divinity School). Mahwah, NJ: Paulist Press, 1999.

8. Keller, Timothy. King's Cross: The Story of The World in The Life of Jesus. Dutton Press, 2011.

9. Lewis, C. S. El peso de la gloria y otros discursos. New York: Harper One, 2001.

10. Lloyd Jones, Martín. Depresión Espiritual: Sus causas y su cura. Libros desafío, 2004.

11. Ortberg, John. The Life You've Always Wanted: Spiritual Disciplines for Ordinary People. Zondervan, Grand Rapids: Michigan, 2009.

12. Ortberg, John & Pederson, Laurie & Poling, Judson. Fully Devoted: Living Each Day in Jesus' Name. Zondervan, Grand Rapids: Michigan, 2009.

13. Piper, John. Let the Nations be Glad: The Supremacy Of God In Missions. InterVarsity Press, 2020.

14. Polischuk, Pablo. La Depresión y su tratamiento. Editorial Clie, 2009.

15. Pope Benedict XVI, Jesus of Nazareth: The Infancy Narratives. Random House LLC, 2012.

16. Sales, Robert C. Planning Sabbaticals: A Guide for Congregations and their Pastors. Chalice Press, 2019.

17. Sayers, Mark. A Non-Anxious Presence: How a Changing and Complex World will Create a Remnant of Renewed Christian Leaders. Moody Publishers, 2022.

18. Scazzero, Peter. The Emotionally Healthy Leader. Zondervan, Grand Rapids: Michigan, 2015.

19. Smith, James k. Desiring The Kingdom: Worship, Worldview and Cultural Formation. Baker Academic, 2009.

20. Trueman, Carl R. El Origen y el Triunfo del Ego Moderno. BHP Publishing Group, 2022.

21. Walton, John H., Mathews Victor H., y Chavalas Mark W., Comentario del Contexto Cultural de la Biblia. Antiguo Testamento: El Trasfondo Cultural de Cada Pasaje del Antiguo Testamento. Casa Bautista de Publicaciones, 2005.

22. White, Roger and Wolfe, Judith and Wolfe, Brendan. , C. S. Lewis and His Circle: Essays and Memoirs from the Oxford C.S. Lewis Society. Oxford University Press, 2015.

Existe Otra Manera

Javier Gómez Marrero

Acerca del autor

Este es mi primer libro, el cual llega luego de casi 33 años de ministerio pastoral (tengo 56 años). Mi objetivo con este es subrayar y celebrar el inigualable poder del Evangelio para satisfacer la ansiosa búsqueda de paz de todo ser humano.

Mi preparación académica incluye un bachillerato en Ingeniería Mecánica de la UPR (RUM); una maestría en Divinidades del Seminario Teológico de Puerto Rico (STDPR); y un Dmin en liderazgo pastoral del Gordon-Conwell Theological Seminary. Serví 2 años como pastor de la iglesia AC&M Malpica, Rio Grande y por 22 años en la AC&M La Cumbre, en San Juan, donde recibí mi ordenación. Llevo 9 años sirviendo como Superintendente del Distrito de la AC&M en Puerto Rico. Enseño formación espiritual en el STDPR desde el 2011. Sirvo en la Junta de Directores de la AC&M en EE. UU. y en la del STDPR.

Me siento compelido por Dios a escribir sobre esa OTRA MANERA de vivir que el Evangelio hizo posible, y que a todos nos urge reconsiderar en medio de tiempos tan ansiosos y desafiantes como estos. Espero haber conseguido ofrecerte una perspectiva práctica y reflexiva al respecto, con cierto rigor teológico. Y espero también que esta obra pueda proporcionarte conceptos y herramientas que te sirvan bien al acometer nuestra común experiencia y misión como miembros de la iglesia local (y global).

Finalmente, me apasiona mi familia, el Evangelio, y la iglesia. Disfruto de jugar baloncesto, caminar y leer. Vivo en Guaynabo, Puerto Rico, con mi amada esposa Evelyn. Tengo cuatro amados hijos adultos, dos nueras que son como hijas, y también dos hermosos nietos (y contando). Mi anhelo es poder servir en total dependencia del Espíritu Santo para ver una Iglesia centrada en el Evangelio, llena del amor y el poder del Espíritu, para la gloria de Dios, y gozo de Puerto Rico y el mundo.